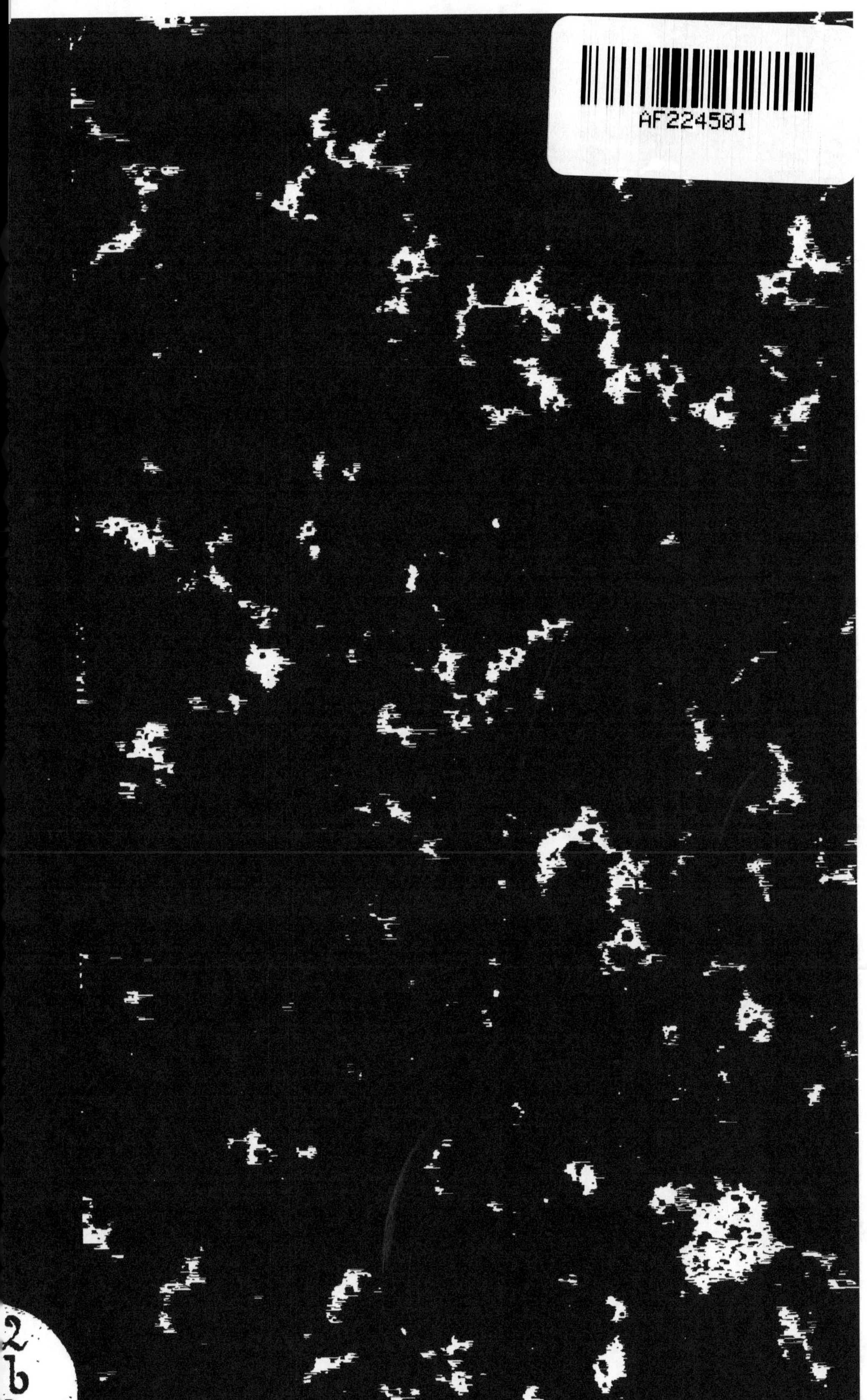
AF224501

ESSAI

Sur les causes qui, depuis le 18 Fructidor, devaient consolider la République en France; et sur celles qui ont failli la faire périr.

Par GUY CHAUMONTQUITRY,

Républicain français.

S'il s'élève un parti qui, après avoir renversé tout ce qui lui était opposé, non content de la possession du pouvoir, et au lieu de le faire servir à l'avantage du peuple, ne le tourne que contre ses rivaux; s'il leur déclare une guerre implacable; s'il s'acharne à leur perte absolue; si, pour mieux assurer sa domination, il foule aux pieds la constitution, les loix, les principes les plus inviolables de la sûreté publique et particulière; s'il ne veut souffrir aucune opposition; s'il détruit la liberté des discours et de la presse; s'il tourmente le peuple dans tous les sens, alors ce parti ne peut plus se dire *gouvernant*; il est en guerre ouverte, non-seulement contre les partis opposés, mais contre le peuple; il est despote, il est TYRAN.

Essai sur les causes qui, en 1649, amenèrent l'établissement de la République en Angleterre.

Par BOULAY (de la Meurthe.)

A PARIS.

DE L'IMPRIMERIE DE VATAR JOUANNET, RUE CASSETTE, N°. 913.

THERMIDOR AN VII.

AVERTISSEMENT.

Une main savante a tracé l'écrit politique d'où j'ai tiré mon épigraphe ; je lui dois également l'idée de mon Essai. L'auteur qui a peint la situation de l'Angleterre en 1649, voulait, par-là sans doute, donner à la France une leçon d'analogie frappante. J'ai cru, pour faible commentaire de son ouvrage, pouvoir offrir des applications de sa doctrine à ce qui nous touche. Le péril n'est plus le même, je l'avoue ; mais pour mieux en effacer les traces, pour en prévenir le retour, n'est-il pas utile d'en examiner les causes ?

Les crimes qui ont été le résultat de l'ineptie ou de la perfidie des gou-

vernants de l'an VI, ont dû entrer
dans la composition des traits de l'es-
quisse historique que je soumets aux
lecteurs. Qu'ils se gardent bien de
croire qu'aucune vile passion en ait
dessiné quelques-uns. L'amour sacré
de la République m'a seul guidé dans
ma carrière; et je peux dire des ex-
directeurs ce que l'historien le plus
profond de l'antiquité disait de quelques empereurs romains, dont il écri-
vait l'histoire :

*Mihi, Galba, Otho, Vitellius,
nec beneficio, nec injuriâ cogniti.*

Je n'ai pas besoin d'avertir qu'il
n'est question dans cet écrit, que de
ceux des directeurs qui ont composé,
pendant les années VI et VII, la
majorité gouvernante.

INTRODUCTION.

Le corps social, à l'exemple des individus, s'instruit par l'expérience : l'erreur est dans la nature humaine; les fautes, mises à profit, caractérisent cette nature perfectionnée. Il n'est donc point inutile, en se reportant du présent au passé , de considérer ce qu'on a fait et ce qu'on aurait dû faire : il doit en résulter la connaissance d'une direction meilleure, avec la volonté de la suivre.

A l'aspect des dangers présents, ce sentiment doit animer tout bon français; je m'adresse à ceux qui le partagent.

Des factions tour-à-tour soutenues et frappées par les gouvernants; une ambiguité de principes, une versatilité dans le choix des fonctionnaires produisant l'espoir de tous les partis, l'incertitude et le désespoir des seuls amis de la chose publique; un gouvernement corrompu et corrupteur, empruntant des armées françaises deux ans d'éclat, et détruisant au-dedans l'ouvrage des vainqueurs ; le royalisme toujours terrassé, toujours renaissant, devenu l'usurpateur des grands pouvoirs, puis soudain abattu de nouveau, et cette victoire, obtenue par la liberté, enfantant l'oppression des hommes libres ; la France redoutée et respectée de l'étranger, tandis qu'elle rampait lâchement sous la domination de prévaricateurs ineptes ; un autre Scipion qui avait étonné l'Italie par ses triomphes , bientôt frappé d'une sorte d'ostracisme , et les conquêtes d'un si grand homme, devenues la proie d'une foule de brigands avides qui dévorent rapidement le fruit de ses talents et de ses vertus ; la paix qu'allait dicter la victoire, changée en une guerre désastreuse imprudemment déclarée, et dans laquelle, chez l'ennemi, comme dans nos camps, tout est préparé pour nos revers ; des échecs sanglants où l'on ne retrouve de *français*, qu'un courage imperturbable ; nos armées dépourvues d'hommes, d'armes et de vivres, arrosant de sueur et de sang ces mêmes contrées dont une horde parasite emporte la dépouille ; le brigandage usurpant les places, dictant les loix, les impôts, et s'appauvrissant par la dévastation même ; la République enlevée aux républicains ; leurs destitutions, leur emprisonnement, leur proscription scellés par son empreinte ; la patrie, au nom de qui s'étaient opérés tant de prodiges d'héroïsme, et pour laquelle avaient dû s'écouler neuf ans de révolution, la patrie méconnue, avilie, et presque expirante dans le dixième: voilà ce qu'offrirait le tableau de nos jours ; il exigerait le pinceau d'un Tacite.

Emu par ces images, pénétré des souvenirs qui me les représentent, je dirai sans passion, sans intérêt, ce que le bien de mon pays m'inspire de réflexions et de vœux ; je dirai ce que d'autres sentent comme moi, et ce qu'ils exprimeraient mieux sans doute.

Ma pensée est de peu de prix ; si pourtant elle est franche, si elle est pure, j'acquitte la dette de l'honnête homme, et il est beau, pour le citoyen prêt à s'ensevelir sous les ruines de la République, de lui léguer son dernier soupir.

ESSAI

Sur les causes qui, depuis le 18 Fructidor, devaient consolider la République en France; et sur celles qui ont failli la faire périr.

PREMIÈRE PARTIE.

Causes qui, depuis le 18 Fructidor, devaient consolider la République en France.

La journée mémorable du 18 fructidor doit être considérée comme la première et la plus importante des causes qui promettaient l'affermissement de la République française. Je ne tracerai point le tableau de la France avant cette époque; les traits n'en sont que trop connus : on sait que la République, dont il n'existait plus que le nom, offrait par-tout l'image d'un royaume qui n'attendait que son chef, et d'une vaste paroisse où les fidèles, fanatisés par leurs prédicants, se livraient, au son des cloches, à l'exercice de leur culte.

Les triomphes multipliés des armées françaises après le 18 fructidor, doivent être encore assignés comme une des causes les plus influentes pour consolider la République. En effet, six mois n'étaient pas encore écoulés, que le plus grand des héros, puisqu'il préféra la gloire modeste de pacificateur, à celle plus bruyante de conquérant, signait les préliminaires de Léoben, bases du traité de Campo-Formio, ratifié bientôt après par les gouvernements des deux puissances belligérantes.

Ainsi, d'un côté, par la journée du 18 fructidor, la République recouvrait son équilibre dans l'intérieur. Les rênes des diverses administrations étaient enlevées aux mains des plus déhontés royalistes, pour être confiées à celles de républicains probes et énergiques. Dans les premiers six mois qui suivirent le 18 fructidor, l'esprit public ravivé de toutes parts, reprenait une direction heureuse; les cœurs froissés par les chocs de la révolution, retrouvaient une patrie qu'ils avaient craint de perdre; en un mot, le gouvernement était respecté dans l'intérieur, la République et ses principes étaient presque aimés par un grand nombre d'individus qui , sans avoir jamais fait vœu d'être ses amis, commençaient à goûter son régime, parce qu'ils espéraient y trouver le port de la tranquillité.

D'un autre côté, la République, modérée dans ses victoires, signant par un de ses généraux, à trente lieues de Vienne, un traité de paix honorable, même pour le vaincu, s'était concilié, sinon l'amour, du moins l'hommage des puissances étrangères. Les gouvernements ennemis avaient presque tous essayé de faire leur paix avec elle. Enfin le règne de la *grande nation* commençait sous les plus brillants auspices ; la confiance et l'union cimentaient au-dedans son empire ; l'admiration et la crainte l'assuraient au-dehors.

N'était-ce pas là des causes puissantes pour consolider en France le gouvernement républicain ? Par quelle fatalité ces éléments d'affermissement ont - ils pu concourir à sa ruine ? Hélas! par ce destin qui semble présider à toutes les révolutions faites au nom du peuple, et qui, dans tous les temps, l'a rendu plus malheureux qu'il n'était avant les changements provoqués pour son bonheur. Je m'explique : une révolution, dans une monarchie, se fait par un peuple contre ses gouvernants héréditaires : il les chasse et en élit d'autres temporaires auxquels il impose des conditions et des loix strictes. Ceux-ci, parvenus presque toujours au pouvoir, à l'ombre d'une lâche popularité, gouvernent avec la même corruption que leurs prédécesseurs ; souvent ils les dépassent dans la carrière des abus et du crime ; une vile et audacieuse tyrannie s'assied à la place des loix, jusqu'à ce que fatigué des nouveaux maîtres qu'il s'est donné, le peuple rappèle ses anciens gouvernants avec plus de joie et d'empressement, qu'il n'avait d'indignation en les dépouillant de leur puissance.

Voilà jusqu'à ce jour l'histoire malheureusement trop vraie de presque tous les peuples qui ont essayé de secouer le joug héréditaire sous lequel ils gémissaient.

C'est-là sur-tout celle de ce peuple plus appelé par la nature à être notre ami que notre rival, et contre lequel nous sommes nourris dans une haine de préjugé que son gouvernement seul devrait nous inspirer (1).

---

(1) On peut suivre toutes les périodes de la révolution d'Angleterre, dans l'ouvrage lumineux du R. Boulay (de la Meurthe.) Il y fait des rapprochemens que tout ami sincère de la République doit méditer pro-

C'est pour que l'issue de la révolution d'Angleterre ne soit pas celle de la révolution de France. C'est pour prévenir, autant qu'il est en moi, le retour d'une royauté qui serait une source de dissensions et de malheurs interminables pour ma patrie, que je me hâte de passer à la seconde partie de mon essai et à la plus importante : j'y dévoile à mes concitoyens la série des causes qui, depuis le 18 fructidor, ont mis en danger la république.

SECONDE PARTIE.

Causes qui ont failli faire périr la République en France.

On peut assigner comme causes principales des périls qu'elle a courus :

1º. La prolongation imprudente et dangereuse du pouvoir dictatorial, transmis au directoire par la loi du 19 fructidor.

---

fondément, afin d'écarter de la France, l'ignominieux et désastreux fléau d'une contre-révolution semblable à celle qu'a éprouvée l'Angleterre.

2°. Les abus de ce pouvoir dans l'ordre politique.

3°. La démoralisation et la corruption absolue dans l'organisation sociale.

4°. la dilapidation de la fortune publique.

5°. Enfin, l'impéritie des gouvernants de la France dans ses rapports avec les nations étrangères.

CHAPITRE PREMIER.

Idées préliminaires.

AVANT de tracer les causes qui ont mis la république française en péril depuis le 18 fructidor, il est essentiel de fixer ses idées sur cette journée.

Trois opinions différentes sont généralement répandues. Les uns regardent le 18 fructidor comme un crime de lèse-constitution : c'est l'opinion de tous les royalistes. D'autres en applaudissant à l'évènement du 18, improuvent formellement la loi du 19 qui en fut la suite. Les derniers enfin regardent les résultats de ces deux journées comme nécessités par les conjonctures les plus impérieuses, les dangers de la république, et l'égarement du peuple. Entre ces deux opinions se partagent les républicains, et c'est à elles seules que je m'arrête ; je ne dirai rien de la première. Je ne me flatte point de convertir les royalistes, ils sont dans L'IMPÉNITENCE *finale*.

Il n'en est pas de même des républicains ; ils peuvent différer d'opinion entre eux ; mais ils cherchent, ils aiment la lumière ; c'est à eux que je soumets l'opinion que j'adopte.

D'abord on peut poser en principe que la journée du 18 fructidor était nécessitée par les dangers nombreux qui nous menaçaient ; les royalistes seuls peuvent les méconnaître ; eux seuls les faisaient naître alors. Mais nul patriote ne doute aujourd'hui de la nécessité absolue où fut le directoire de s'unir au corps législatif pour arracher la France républicaine à la faction royale qui commençait à l'asservir. On peut donc affirmer que le 18 fructidor fut commandé par le salut de la patrie. Ce fut alors que, d'après Montesquieu, les images de la constitution et de la liberté dûrent être couvertes d'un voile (1). Le

____

(1) Il faut sans doute une grande sobriété dans l'usage de pareilles mesures ; le voile ne doit être ni légèrement jeté, ni pour long-temps.

18 fructidor , nécessaire à la conservation de la république , fut donc légitime.

Je passe aux mesures prises à la suite de cette journée.

Les républicains d'accord sur les moyens employés par le directoire au 18 fructidor, contre les chefs ou complices de la faction royale , diffèrent seulement d'avis sur la peine extrà-constitutionnelle qui leur fut infligée , et sur les grands pouvoirs transmis au directoire par la loi du 19 : ce qui fit dire depuis à quelques-uns d'entre eux : « nous avons fait le 18 et non « le 19. »

Mais si l'on se reporte de bonne foi aux circonstances dans lesquelles on se trouvait alors , on reconnaîtra que la loi du 19 fructidor était la conséquence nécessaire des évènemens du 18.

Comment prétendre, en effet, qu'il fût possible de faire juger par un tribunal légalement établi, soixante à quatre-vingt individus convaincus par leurs écrits et leurs discours à la tribune , d'appartenir au parti nombreux qui rappelait ouvertement, depuis plus de six mois, un roi fugitif et des prêtres déportés? Et par quel tribunal les eût-on fait juger? Si non par leurs complices, dumoins par leurs adhérens.

Les membres qui eûssent composé la
haute-cour

haute-cour nationale ne devaient-ils pas être pris, d'une part, dans le tribunal de cassation, alors partiellement royalisé par les choix de l'an V; et, de l'autre, les jurés appelés à siéger à cette cour, n'avaient-ils pas été nommés par ces mêmes assemblées électorales, dont toutes les opérations avaient été marquées au coin de Louis XVIII?

Qui pouvait garantir alors l'équité d'un pareil tribunal? N'est-il pas probable que tous, où presque tous les prévenus blanchis par leurs néophites, sortis glorieusement d'une procédure qui leur en eût donné de nouveaux, parce qu'il est dans la nature humaine de s'intéresser aux infortunés, seraient revenus au sein du corps législatif prêcher hautement leur royale doctrine, et mettre en jugement les membres du directoire et ceux du corps législatif, qui s'étaient montrés leurs accusateurs? Ceux-ci traduits à leur tour devant la haute-cour nationale ou plutôt *royale*, n'auraient pas trouvé grâce auprès d'elle. Leur condamnation aurait été prononcée avec celle de tous les républicains énergiques. Ils avaient osé démasquer les nombreux sectateurs du trône et de l'autel, qui avaient surpris les suffrages pour arriver à la représentation nationale. Ces intré-

B

pides adversaires auraient expié leur audace irrémissible. Quel beau moment alors
pour rappeler Louis XVIII!..

Il l'eût été, n'en doutez pas : vous tous
qui regrettez la mesure de la déportation
extrà-judiciaire exercée contre les chefs
du parti royal ; vous eussiez succombé à
leur place, et avec vous eût succombé la
république. La loi du 19 fructidor vous a
sauvés avec elle.

J'ai fait voir que la peine infligée par
cette loi à la faction royale du corps législatif, était la seule mesure de salut public qui fût possible et raisonnable. Il me
reste à démontrer que les grands pouvoirs
accordés par la même loi, étaient nécessités par les conjonctures, et que le corps
législatif ne pouvait se dispenser de
cette concession momentanée.

Par l'incertitude et le découragement que
la réaction avait jetté dans les esprits, la
masse du peuple si intéressée au maintien
du gouvernement républicain, éprouvait
un degré de lassitude qui, dans presque
toutes les parties de la France, lui faisait
jetter un regard d'affection sur les institutions de l'ancien régime. L'esprit public
ne manquait pas seulement de direction,
par-tout il était à ranimer ; le corps législatif ne pouvait, par lui seul, atteindre ce

but important. Sans doute des loix et des institutions républicaines peuvent donner, à la longue, un esprit public fondé sur les principes conservateurs de la liberté ; mais cette marche est nécessairement lente ; elle ne convient point à un état qu'une révolution travaille encore ; elle convient encore moins dans un moment où une faction opposée a obtenu un tel degré d'influence, qu'elle a composé les autorités constituées d'hommes qui lui sont dévoués.

Tel était l'état de la France avant le 18 fructidor ; il était impossible au sénat seul de rendre au corps politique la vigueur républicaine dont il avait un si pressant besoin. Dans cette position, et à la suite de la crise du 18, le corps législatif tournant les yeux sur ce qui l'entourait, ne pouvait les arrêter avec espoir que sur le directoire qui l'avait si efficacement secondé contre la faction royale. C'était véritablement la seule autorité à laquelle il pût confier la mission grande et délicate de rendre l'esprit public aux Français, d'électriser ce peuple devenu insouciant, apathique, et même ennemi d'une révolution faite pour son bonheur.

Par sa place dans l'ordre constitutionnel, le directoire, centre de la puissance exécutive, pouvait seul, par sa correspondance journalière, par ses relations habituelles avec toutes les parties de la république, lui restituer, à l'aide des autorités subalternes, ce patriotisme jadis brûlant qu'une négligence criminelle avait laissé éteindre.

Déterminé par ces considérations, le corps législatif accorda au directoire, par la loi du 19 fructidor, une autorité dictatoriale.

Les royalistes qui, au nom des principes constitutionnels, préparaient la contre-révolution, commandèrent cette concession. Elle fut justifiée depuis par les heureux effets qu'elle produisit dans l'intérieur, jusqu'à l'époque des élections de l'an VI, et le concours des circonstances qui la nécessitèrent a fait penser à des observateurs judicieux que, sans elle, le gouvernement républicain ne se fût pas sauvé de l'abyme.

Je ne dissimulerai point, dans le chapitre suivant, que la prolongation imprudente de cette dictature, fit naître les périls auxquels la république vient d'échapper. Peut-être m'accusera-t-on alors de contradiction ; mais elle ne sera qu'apparente ; dans la réalité, j'aurai soutenu deux propositions qui peuvent se concilier : la première, que des pouvoirs extraordinaires ont dû être donnés au directoire , par la loi du 19 fructidor , et que cette mesure , commandée par les conjonctures les plus urgentes , était alors la seule qui pût sauver la république : la seconde , aussi vraie que la première ; que la prolongation imprudente et dangereuse de ces pouvoirs, a failli, dans ces derniers temps , rendre la France victime de l'abus que des hommes ignorants et pervers ont fait de leur autorité.

CHAPITRE II.

Prolongation imprudente et dangereuse du pouvoir dictatorial , transmis au directoire par la loi du 19 Fructidor.

LA dictature, ce pouvoir terrible confié aux mains d'un seul, dans le moment où les dangers qui menacent la patrie, peuvent compromettre son existence, n'a point pris naissance chez des nations gouvernées par des chefs héréditaires. Son origine remonte aux beaux jours de la république Romaine ; et quand cette institution fut proclamée , ce fut comme palladium du gouvernement républicain dans les temps orageux.

Ce pouvoir essentiellement arbitraire, pouvait avoir les inconvénients les plus graves pour la liberté publique. Dès sa naissance, illimité dans son exercice, il fut circonscrit, dans des bornes étroites, quant à sa durée dans les mêmes mains.

Six mois, un an au plus, le dictateur était le chef suprême de la république; encore ne pouvait-il rien contre le gouvernement; sa puissance venait se briser contre les droits du sénat et du peuple, elle se courbait devant les anciennes lois qu'il lui était défendu d'abroger; elle ne pouvait en créer de nouvelles; en un mot, sauver la patrie des crises qui avaient prescrit son élection, déterminer, seul, tous les moyens de salut public, les mettre à exécution sans consulter personne : tels étaient les devoirs et les attributs de l'autorité absolue et momentanée du dictateur.....

Tant que cette institution fut conservée dans toute sa pureté, elle ne fut que bienfaisante. Point de dictateur qui n'ait arraché Rome à des périls imminents. En vain objecterait-on que Sylla et César se frayèrent, par la dictature, un chemin au pouvoir absolu. L'autorité dont ils

(23)

étaient revêtus, ne fut que le prétexte
de leur usurpation. Ecoutons Machiavel :
« ni la qualité, ni la puissance du dicta-
» teur, n'ont jamais été la source de
» l'esclavage de Rome ; mais *ce fut la*
» *puissance que les citoyens usurpèrent,*
» et si le nom de dictateur n'eût pas été
» connu à Rome, les tyrans en auraient
» pris un autre ; parce que c'est la force
» qui donne le titre et la qualité ; ce ne
» sont ni la qualité, ni le titre qui donnent
» la force ».

Ces observations peuvent s'appliquer au
pouvoir dictatorial, transmis au directoire
par la loi du 19 fructidor. J'ai démontré,
dans le chapitre précédent, la nécessité et
la légitimité de cette concession ; il me
reste à prouver que sa prolongation imprudente a été l'une des principales causes
des dangers de la république.

Aussi-tôt que le pouvoir extraordinaire
qui avait été conféré au directoire pour
rattacher les Français au système républicain, eût fait renaître l'influence de la
liberté, il dut être aboli ; car sa prolongation ne pouvait plus être que dangereuse: or, sa mission dictatoriale était rem-
plie, six mois après le 18 fructidor, et à
l'époque des élections de l'an VI, puisque
les républicains étaient replacés dans les

autorités constituées, et que la France était redevenue république. Les royalistes de l'an V ne la menaçaient plus, ils étaient anéantis. Avec eux eût dû aussi disparaître la dictature qu'ils avaient nécessitée. Si le corps législatif eût agi sagement, il eût dépouillé le directoire de cette puissance temporaire dont il ne pouvait plus qu'abuser.

Le premier essai abusif de ce pouvoir arbitraire fut fait sur les élections de l'an VI. Ces actes sacrés de la souveraineté du peuple furent attaqués dans son essence, par la loi du 22 floréal, loi qu'on doit regarder comme un véritable crime de lèse-constitution. Cet attentat fut commandé aux législateurs de l'an VI, par les mêmes hommes qu'ils avaient investis de la dictature.

Cette première tentative du directoire eût dû faire ouvrir les yeux au corps législatif : elle eût dû lui faire révoquer tous les pouvoirs accordés par la loi du 19 fructidor. A l'aide de cette révocation et de quelques mesures salutaires, il eût écarté tous les dangers qui sont survenus.

Mais au lieu de tenir une conduite aussi sage, le corps législatif prolongea toutes ses concessions au directoire ; il fit plus, il les augmenta par plusieurs loix réglementaires, et ne prévit pas que tant d'attributions, en créant un pouvoir absolu , creusaient le précipice prêt à engloutir la France républicaine.

Telles furent les fautes du corps législatif. Je ne les ai point dissimulées , parce que l'impartialité seule doit me guider dans mes recherches.

On a vu, dans ce chapitre, que la prolongation de l'autorité dictatoriale transmise au directoire devint dangereuse, dès qu'elle cessa d'être nécessaire. Je vais montrer, dans le suivant , les abus multipliés qui ont résulté de cette prolongation.

Puissent tous les traits de ce tableau imprimer profondément dans l'esprit des législateurs français, cette importante vérité, que, si dans une république, « on » donne un pouvoir sans bornes, *il ne » faut pas plus d'un an pour le rendre » dangereux*, et que les suites en sont » bonnes ou mauvaises, selon que ceux » qui en sont revêtus sont plus ou moins » gens de bien (1) «.

____

(1) *Machiavel.* On sait combien J. J. Rousseau en recommandait la lecture aux républicains.

CHAPITRE III.

Abus du pouvoir dictatorial, dans l'ordre politique.

La loi du 22 floréal, ou plutôt ce décret de proscription commandé par l'influence directoriale est, comme je l'ai dit plus haut, le premier acte qui a marqué l'entrée des gouvernants, dans la carrière de l'arbitraire. Ce premier pas fut un pas de géant. En réfléchissant à l'énormité de cet attentat qui ne fut pourtant qu'un coup d'essai, on est étonné que pendant l'année du règne des usurpateurs, le pouvoir ne se soit pas consolidé dans leurs mains, de manière à constituer et perpétuer en France la plus vile olygarchie.

L'étonnement redouble, lorsque l'on considère avec quelle facilité le corps législatif de l'an VII a renversé ces tyrans audacieux. Des bulles de savon qu'un souffle léger fait disparaître, ne s'évanouissent pas avec plus de rapidité.

Je reviens à la loi du 22 floréal qui rendit

vacantes dans le sénat , cinquante chaises
curules, sans qu'on eût argué aucune illé-
galité contre des député élus par le peuple ;
mais seulement parce que leur patriotisme
et leur énergie épouvantaient des hommes
déjà ennivrés du pouvoir absolu (1).

La loi du 22 floréal fut le piedestal de
l'autorité la plus abusive. Les dictateurs
renouvellèrent bientôt la tactique *de la
bascule* inventée sous le ministère de Co-
chon (2). Cette tactique bisarre qui *leur*

---

(1) Je citerai entr'autres , et parce qu'ils sont du
département dans lequel je suis domicilié , les deux
frères Lindet, aussi recommandables par une probité scrupuleuse , que par un républicanisme éner-
gique. Tous deux avaient été élus représentants du
peuple par une majorité notable de l'assemblée élec-
torale de l'Eure. Aucun trouble n'avait accompagné
leur nomination ; tous les partis paraissaient même
contents après les élections. Il était réservé aux gouvernants de l'an VI, de pousser l'impudeur du despotisme , jusqu'à faire annuller partiellement , par
le sénat français , les choix d'une assemblée où ils
s'étaient faits avec le calme et la tranquillité ; gages
assurés de leur bonté.

(2) Qu'on se rappèle *le massacre de Grenelle* !
Ce ministre-bourreau fit mitrailler des citoyens dont
il pouvait prévenir le rassemblement, puisque de son
propre aveu , il en était prévenu vingt-quatre heures avant.

Qu'on se rappèle *l'assassinat juridique de Ven-*

tint lieu de la science de gouverner, consistait à poursuivre, à certaines époques, avec une rigueur apparente, les émigrés et les prêtres réfractaires. On en mettait à mort quelques-uns, lorsque les gouvernants le jugeaient nécessaire pour la conservation de leur puissance ; ensuite, à d'autres époques, à la faveur de la popularité qu'ils s'étaient créée en faisant exécuter les loix républicaines, et avec un acharnement extrême, ils persécutaient les patriotes énergiques, sous la dénomination banale de *Jacobins, de Terroristes,* ou *de Buveurs de sang* (1).

---

dôme ! Des juges constitués en un véritable tribunal révolutionnaire, sous le nom de haute-cour, eurent l'atrocité de condamner à la peine de mort, *comme conspirateurs,* des hommes innocentés par la déclaration des jurés qui, sur le fait de l'existence d'une conspiration, prononcèrent qu'elle *n'existait pas....*

Qu'on se rappèle l'affaire *Brottier* et *Lavilheurnois,* entamée et suivie pour faire pendant à celle de Vendôme, et vérifier ainsi le systême de la *bascule..* Leur conspiration, à eux, était bien réelle ; son existence fut déclarée par un conseil de guerre ; mais ses agents étaient des royalistes, et ils *furent déportés,* tandis que des anarchistes imaginaires *périrent* sur un échafaud !...

En ces temps-là un des olygarques de l'an VI était ministre de la justice !...

(1) J'ai été personnellement en butte à ces épi-

Ainsi, après la loi désastreuse du 22 floréal , presque tous les républicains , nommés , après le 18 fructidor , commissaires près les tribunaux et les administrations , ont été destitués ; ainsi , violant les droits sacrés de la souveraineté du peuple , les triumvirs ont eu l'audace d'annuller les choix qui en sont émanés ; ainsi , pour s'étourdir sur la conscience de leur ineptie , aspirant à usurper l'empire de l'esprit humain , ils ont brisé la presse et enchaîné la pensée (1).

---

thètes dans les assemblées primaires de l'an V , et je les ai regardées comme honorables , puisqu'elles s'adressaient à tous les républicains. Je m'attends bien que les royalistes qui ne vivent que de calomnies , les renouvelleront avec plus de fureur , surtout quand ils liront mon opinion sur l'affaire de Vendôme ; ils ne manqueront pas de me présenter comme le flagorneur d'un parti. Mais qu'ils sachent que, toujours libre et indépendant, celui qui, trois semaines avant le 18 fructidor, a eu le courage de proclamer ce jugement comme un *assassinat juridique*, à l'audience du tribunal correctionnel d'Évreux , où il défendait un de ses concitoyens , a bien le droit de faire imprimer la même opinion, mûrie par deux années de réflexions.

(1) Chaque décade, ou plutôt chaque jour, un arrêté de scellés sur des presses, un ordre d'abrogation de journal, la citation d'un ou plusieurs individus devant les tribunaux (pour avoir imprimé leur opinion), avertissaient les républicains Français de l'existence des *directeurs-sultans....*

Ainsi , contre toutes les loix et sur l'ordre des visirs, successivement chargés du ministère de la police, des citoyens ont été arrêtés et non interrogés dans les vingt-quatre heures , puis rendus à la liberté sans jugement, ou détenus prévôtalement, et des prêtres assermentés et mariés ont été arbitrairement déportés !....

Ainsi, dans l'ivresse délirante du pouvoir, à l'exemple des Sylla et des Octave , les gouvernants de l'an VI ont étendu , sur toute la république, le crêpe sanglant d'une domination oppressive.

Quand des tyrans ont porté une main criminelle sur l'arche de la liberté, quand il ne règne plus autour d'eux que le silence de l'abattement , interrompu par les seuls accents de la flatterie , s'il se présente des dangers pressants, si l'ignorance ou la perfidie ont amené de grands revers dans les armées , si de continuelles malversations ont épuisé le trésor public , si l'état enfin penche vers sa ruine, le dernier trait d'absurdité, dans la tyrannie, est sans doute d'invoquer l'esprit public , et de balbutier les mots de patrie et de liberté , pour obtenir de nouveaux sacrifices.

Tels on a vu les membres de l'olygarchie française , à la suite de la campagne de Schérer.

Ces dominateurs coupables de la protection opiniâtre qu'ils accordaient au ministère et au généralat les plus désastreux, se plaignaient de l'attiédissement des républicains et de la stupeur du peuple, eux qui n'avaient formé, qui ne voulaient qu'un peuple malheureux et docile.

Dictateurs, vous parliez de l'esprit public ! le premier effet de votre dictature n'a-t-il pas été de le comprimer dans tous les cœurs où vous en avez pu soupçonner l'existence ? Vos journaux avec censure, vos écrivains stipendiés, vos orateurs à gages, vos visirs, vos lettres de cachet, vos espions innombrables, vos affidés qui remplissaient tant de fonctions, vos commissaires, bien moins pour la plupart les agents du directoire, que les créatures de tel ou tel directeur ; vos actes arbitraires de tout genre, vos taxes, vos concussions ; sont-ce là des germes de vie pour l'esprit public ?

Quoi ! vous parliez de patrie et de liberté ! et jamais vous ne leur avez montré que des instruments de mort.

Certes, le cri d'alarme de tels hommes est un éclatant hommage au patriotisme ! Ils ont constamment travaillé à la destruction de la république ; et de son ombre encore ils attendent leur salut !

Il peut renaître l'esprit public, il renaîtra sans doute ; mais sur les ruines de ce colosse dictatorial, sous lequel des pygmées ont cru masquer leur faiblesse. Il renaîtra, mais par une impulsion plus pure que la vôtre, à l'aide des premières institutions qui l'ont formé, à travers les obstacles qu'il a déjà vaincus, et au milieu des périls dont il tire sa force !

Oui, le salut du peuple ne peut s'opérer que par les hommes et les moyens populaires. Que de fronts, à ces mots, présenteront la pâleur d'une conscience coupable !

N'avez-vous que des erreurs à reconnaître ? vous discuterez vos excuses devant le tribunal de l'opinion libre. Avez-vous commis des crimes médités ? vous devez trembler, je l'avoue, car il se lève un juge inflexible, la voix publique ; elle vous demande compte de la gloire et de la félicité de la France.

J'ai présenté vos torts sous les rapports politiques de votre administration intérieure, je vais en examiner les conséquences morales.

CHAP.

CHAPITRE IV.

Démoralisation et corruption absolue dans l'organisation sociale (1).

SANS mœurs, point de république. Cette vérité, écrite dans les fastes de l'antiquité, a présidé aux établissements modernes qui ont affranchi quelques contrées de l'Europe. Nos plus illustres publicistes ont fait, de la vertu, le principe vital des républiques. Leur doctrine, inspirée par la sagesse, est confirmée par le témoignage constant de l'expérience.

Contemplez les peuples qu'a immortalisés la liberté. Quels étaient ceux qui ont su la conquérir, ou la défendre? Des hommes simples et probes, supérieurs à toute crainte, à tout danger, et aux besoins mêmes de la vie ; vainqueurs des passions et des horreurs de la mort ; élevés enfin au-dessus de la nature humaine par la pureté de cœur et la grandeur d'ame, ces deux attributs caractéristiques du républicain.

----

(1) Un de mes amis avait écrit sur cette matière, j'ai adopté son travail, et j'en ai formé ce chapitre qui entrait dans le plan de mon ouvrage.

Considérez une époque plus rapprochée de nous, rappellez-vous les hommes de 1792 (1) : *vivre libre, ou mourir!* était leur cri; le pain et le fer bornaient leurs vœux. Déchirée par des ennemis intérieurs, assaillie et entamée par de nombreuses armées d'étrangers, la France par-tout guerrière, par-tout victorieuse : voilà leur ouvrage. Séparons de la mâle énergie et de la gloire militaire de ces temps, les attentats des factions ; nous voyons, dans nos soldats, les combattants de Marathon et de Platée ; dans nos législateurs, l'aspect rustique et sublime de ces sénateurs Romains, qui inspiraient le respect et l'épouvante à l'ambassadeur d'un roi ; dans nos citoyens, nous voyons des Fabricius, des Curtius, des Régulus ; dans nos femmes même, des Laconiennes pour qui la mort de leurs fils au champ d'honneur était moins douleureuse que n'eût été leur fuite.

Certes! ce n'est point parmi ces hommes qui se sont dénommés les *honnêtes gens*

____

(1) J'entends par les hommes de 92, ceux qui ont abattu le trône et fondé la République ; ceux qui l'ont maintenue dans le sénat, en portant le caractère et les principes républicains jusques sur l'échafaud; enfin ceux qui, depuis cette année glorieuse, ont versé leur sang pour la défense de nos frontières.

exclusifs ; ce n'est point parmi les volup-
tueux, les anciens ni les nouveaux riches,
que s'est retrouvé cet héroïsme antique ;
il est presque toujours né sous le chaume,
ou du moins s'est formé par la fatigue ,
à l'école de l'infortune ; il suppose des
mœurs austères, une ame saine, un corps
robuste ; il fuit les palais, et cherche les
cabanes ; et, c'est parce qu'au temps dont
je parle, les cabanes étaient préférées aux
palais , que l'esprit triomphateur des anciennes républiques avait repris parmi
nous son empire.

Que , si spectateur intéressé des événe-
ments de nos jours , j'entreprends d'en
tracer les causes ; si, guidé par le fil de
l'analogie dans cette recherche , j'arrive
par-tout aux mêmes résultats ; sans doute
il me sera permis de m'élever contre la
corruption présente , principale source de
nos calamités ; il me sera permis d'en
flétrir les auteurs, et de réveiller une solli-
citude protectrice pour la patrie.

La question du luxe , souvent agitée ,
est restée toujours indécise entre les modernes. Tous s'accordent sur les dangers
de l'excès ; aucun n'a encore posé la li-
mite convenable à chaque gouvernement.
Il est évident que des règles diverses
sont indispensables aux différentes sortes

d'états régis par des principes opposés les uns aux autres ; et si, en me soumettant aux meilleures autorités , j'admets qu'un luxe qui soudoie avec profusion les arts , le commerce, et même les frivolités , fait prospérer les monarchies , je conserverai le doute que ce même degré de luxe soit favorable aux républiques.

L'indice constant de leur vigueur fut , dans les citoyens, cette générale médiocrité de fortune que vante , même pour le bonheur individuel, un poëte philosophe de l'antiquité (1). Par-là se maintient bien plus sûrement l'égalité politique. C'est de-là que sortent la frugalité , l'honnête industrie , l'incorruptibilité morale , toutes les vertus enfin , qui , assurant la félicité des familles, composent en même temps la force , la prospérité publique , et sont l'essence véritable des états libres.

____

(1) *Auream quisquis mediocritatem*
Diligit, tutus caret obsoleti
Sordidus tecti caret invidendâ
Sobrius aulâ.
(*Horat. lib. II, od. X.*)

Le sens est à-peu-près :

Veux-tu que l'âge d'or rayonne sur ta vie ?
Par le fruit du travail remplis tes sages vœux ;
Loin de toi l'indigence et ses haillons hideux ;
Loin tout pompeux dehors où s'attache l'envie.

Croyez - vous qu'entre un Romain du temps de Cincinnatus, et le Sybarite, que le pli d'une feuille de rosè avait péniblement privé de sommeil, la chance de la force et de l'honneur fût égale ? Où est allée se fondre cette rigidité des mœurs spartiates, que n'avait jamais abandonné la gloire. Ce fut l'Asie, ce furent les conquêtes d'Agésilas qui enrichirent ce peuple de héros, et le perdirent en l'amolissant ? Comparez les Athéniens de Miltiade, terrasssant les Assyriens chargés d'or, aux Athéniens du temps de Démosthènes, stipendiés et bientôt subjugués par Philippe.

Pour une république dont le premier besoin est l'indépendance, la richesse offré le plus grand péril, parce qu'elle amène tous les genres de corruption qui produisent nécessairement l'esclavage.

J'ai parlé de la république Française reconquérant Lyon et Toulon au Midi, réprimant la Vendée à l'Ouest, repoussant les Prussiens et les Autrichiens à l'Est, les Anglais et les Hollandais au Nord ; ce fut l'instant, il faut l'avouer, où les sociétés de Paris furent les moins brillantes. Rien de somptueux dans les repas ni les habillements ; point de divertissements onéreusement frivoles ; nul fracas orgueilleux dans les voies publiques (1). Les grandes communes, en un mot, n'étaient pas splendides; mais, la nation était redoutable et redoutée: la frivolité trouvait les heures longues, la victoire, les remplissait pour le républicain : l'insouciance et la malveillance gardaient un silence morne ; les campagnes et les cités retentissaient de chants de triomphe. Oui, quelles que soient les sanglantes images qui ont suivi cette époque, avouons qu'elle fut belle et qu'elle rendra l'honneur français à jamais mémorable. Dans ces temps , peu de calcul et de grandes fortunes.

Une autre scène se présente. La perfidie intérieure et extérieure a multiplié outre mesure les signes représentatifs du numéraire ; le génie Anglais dès long-temps habile en pirateries financières, nous lance un de ses fléaux les plus corrupteurs ; l'agiotage rallume ou porte la cupidité dans tous les cœurs ; il s'empare des productions industrielles et territoriales ; la foi publique devient nulle, tous les traités particuliers sont atteints de fraude ; la société n'est plus qu'un vaste

---

(1) On était dispensé de prescrire numéros et grelots aux cabriolets, aux phaëtons, aux wiskis, pour donner aux piétons quelque garantie de leurs jours.

champ de brigandage, où chacun, plus ou moins rapidement, passe de la spoliation à la rapine. O prompte et honteuse dégradation !

Renouvellant la grande et inutile leçon qu'avait donnée la catastrophe de Laws, le papier monnaie s'anéantit ; mais l'esprit d'agiotage lui survit (1) et répand des germes d'immoralité qui vont éclore sous toutes les formes.

La défaite du royalisme en vendémiaire, avait amené, avec la constitution de l'an III , l'établissement d'un gouvernement nouveau. Il fait tout pour la gloire, en plaçant Buonaparte à la tête de l'armée d'Italie. Que fait-il pour la régénération intérieure ? Dix-huit mois d'oscillations et d'aberrations nécessitent le 18 fructidor qui sauve la république ; mais au profit de qui ? Des Verrès, des Antoines , des Lucullus , s'engraissent sous la pourpre directoriale , lorsqu'il faut des Brutus et des Publicola ; l'intrigue et la vénalité souillent toutes les nominations ; ce sont les souplesses , les perfidies , c'est la

______

(1) On agiote sur la subsistance chétive du rentier, puis sur les maisons, les terres, sur les immeubles réels et fictifs.

science des cours qui gouvernent la république française.

Tel est le tableau de sa situation depuis
le 18 fructidor jusqu'au 29 prairial : j'en
présenterai quelques détails.

Deux mots composaient tout le système
administratif de l'olygarchie d'alors, spoliation et dilapidation. C'est d'une ges-
tion pareille que sont sortis les plus
monstrueux abus qui aient jamais signalé l'arbitraire du despotisme. Une fi-
liation de protégés, s'érigeant en protec-
teurs et colportant les grâces, les entreprises, les places lucratives, s'introduit
et s'entoure d'acheteurs déhontés. Pou-
vez - vous d'un tel assemblage attendre
quelque conception utile et honnête ?
Non ; la fiscalité la plus scandaleuse est
seule écoutée, seule dominante, et pro-
page dans le corps social une dépravation
effrénée (1).

Ne vous étonnez point ! l'un des plus
désastreux fléaux du genre humain est
décoré du nom d'administration. On af-

____

(1) Quand les places sont à vendre, le mérite ne
met pas d'enchère. Quand le vice et l'intrigue seuls
prospèrent, la probité est généralement réputée sot-
tise ; tout l'esprit d'aujourd'hui est de faire rapidement fortune.

ferme les jeux de hasard, c'est-à-dire, l'in=
fortune journalière des familles, l'inquié-
tude, la douleur des pères et des mères,
la désunion de l'époux et de l'épouse, la
ruine, et peut-être le meurtre des enfans
d'un désespéré. Ce deshonneur public produit au fisc de la police, quatre-vingt,
puis cent, puis cent quarante mille francs
par mois! O Lycurgue, qui proscrivis dans
Sparte l'or et l'argent, pour éloigner du
sein de ta patrie toute perversité, re-
connais ton ignorance près des hommes
qui régissaient la république française,
et que tu te fûsses bien gardé de nommer
Ephores de Lacédémone! Regarde ces
monceaux monnoyés qui s'accroissent
chaque jour pour devenir leur partage :
c'est le produit d'un mois d'opprobres et
de crimes. Là, s'est enseveli l'espoir d'a-
mants prêts à former le nœud conjugal
sous les auspices de la tendresse ; là, sont
venus s'engloutir, et la subsistance de cent
familles, et le pain du vieillard dépourvu
de ressources, et la boisson nourricière
de l'enfant au berceau. Le jeu tarit pour
lui le sein maternel, ou lui enlève le sein
mercénaire qui alimentait ses jours (1).

---

(1) C'était le produit de pareils bénéfices qu'un
détachement à cheval escortait tous les soirs à mi-

Lycurgue ! ta fermeté stoïque supporta l'atteinte du jeune séditieux dont la main égarée te priva d'un œil ; mais pourrais-tu sans frémir envisager les nombreuses et vastes scènes de calamités dont le palais *du trente et un* est le théâtre (1) ? C'est là que le bonheur momentané mène à un malheur inévitable, et l'un et l'autre dans leurs cours produisent l'affaiblissement et bientôt l'absence de tout sentiment honnête ; c'est là qu'une cupidité folle immole, chaque jour, des milliers de victimes à une cupidité frauduleuse qui combine froidement ses entreprises, son accueil, ses stratagêmes sur l'égarement et les facultés des dupes qu'elle attire (2) ; c'est là

---

nuit. Honorable emploi des défenseurs de la patrie, et manifeste partialité contre les filoux des rues !

(1) Ainsi a pu se nommer le palais dit *Egalité*. Ce dernier nom convenait peu entre le banquier et le ponte.

Tout ceci était écrit avant la cessation des jeux publics. Elle est si récente, *peut-être si précaire*, qu'on a cru pouvoir parler de leur existence, comme actuelle.

(2) Parmi les agents salariés du jeu, plusieurs étaient employés, ou s'employaient par zèle à chercher ce qu'on appèle, en langue de fripon, des pi-

que le taux des mises est gradué de manière à pomper le salaire de l'artisan et la créance debilitée du rentier de l'état (1) : là, des instruments de ruine sont dressés pour tous les âges, tous les états, pour toutes les passions bientôt concentrées dans une seule qui toujours trompe et rarement corrige : là, chacun s'abrutit, se décompose, devient ennemi de soi, fastidieux ou même dangereux pour autrui ; là, s'éteignent les talents aimables ou utiles pour faire place à une rêverie sombre , à de fréquentes distractions, à de creuses et absorbantes espérances ; de là, on remporte quelquefois l'illusion, jamais le contentement , et tôt ou tard le dépit , la honte , le remords rongeur et souvent inutile.

Tombeau de toute vertu ! ces mots devraient être écrits en gros caractères sur chaque maison de jeu. Dumoins le joueur avant de franchir le seuil, lirait sa destinée en prononçant réprobation sur lui-même.

---

geons à plumer, c'est-à-dire , quelque étourdi nouvellement maître de sa fortune, quelque arrivant de campagne , riche et niais. *Un ponte à l'or !* bonne aubaine ; on ne manquait jamais de lui donner un siège.

(1) Des parties à trente et à quinze sols , sont le complément de la démoralisation , parce qu'elle y frappe sur l'indigence.

Eh ! que de malheureux livrés à la plus opiniâtre des passions, battus par les orages du sort, ivres de ses vicissitudes, en proie aux furies qui vengeaient sur ces âmes égarées l'oubli des noms d'époux et de père ; que de malheureux qu'une minute avait fait tomber d'une existence aisée dans l'abyme de la misère, virent les antres du jeu devenir pour eux les cavernes de la mort ! Combien de fois au sortir de ces lieux, le désespoir morne distilla le poison qui consume lentement sa victime ! Combien de fois, pour fuir un horison d'angoisses, un transport phrénétique arma le bras du suicide ! Que de semblables trépas ont été éclairés par ces mêmes astres qui luisaient sur les orgies des spoliateurs ! Sous quelque forme que se retrouve dans leurs mains le fruit de telles rapines, certes il doit avoir quelque chose de cadavéreux, et présenter à l'œil je ne sais quoi de sinistre !.....

Une passion capable de tels effets, si elle ne peut être extirpée par des loix prohibitives, doit au moins être réprimée par l'opinion et par des mesures de police. Mais assurément un gouvernement qui protège, sanctionne et afferme de pareils établissements, un gouvernement qui sourit à leurs succès, un gouvernement sous

lequel est née la permanence des maisons de jeu , se charge d'une effrayante
responsabilité auprès de son siècle et de
l'avenir. Une telle permanence est la permanence du malheur et du vice , l'oubli
des loix qui ont frappé d'infamie ou de
peines pécuniaires les jeux et leurs agents,
enfin c'est la violation de toute pudeur et
le renversement de toute morale ; quoi de
plus contraire à une république? (1)

Le règne des jeux de hasard dut naturel-
lement amener le rétablissement de la

---

(1) Je veux répondre à tout ce que je connais de
prétextes apportés en faveur des jeux publics.

Ils font vivre , dit-on, un grand nombre d'individus. Je n'hésite point à dire : malheur à ceux qui
seraient incapables d'une occupation moins vile ! Ils
deviendront nuisibles dans leur désœuvrement.
Comme désœuvrés , ils sont blâmables dans une république. S'ils se montrent dangereux et malfaisants ,
les loix, bien exécutées en feront justice. On ajoute :
le jeu est devenu dans Paris une habitude indestructi-
ble ; si vous fermez les maisons avouées, il s'ouvrira
des parties clandestines et bien plus frauduleuses.

On pourrait, en vertu d'un pareil argument ;
établir aussi des tolérances et des localités pour les
coupeurs de bourse , à condition qu'ils agiraient là
plus modérément qu'ailleurs. Si un jeu de hasard à
chances inégales, est un abus ruineux et un fléau
public , rien de ce qui le favorise n'est innocent ;

loterie. Cet impôt créé par un génie de banque, avait été, depuis la révolution, aboli comme immoral. J'en laisse à juger les conséquences à quiconque ne donne pas une priorité tranchante aux résultats arithmétiques. Les discussions savantes qui accompagnèrent l'abrogation de la loterie, me dispensent d'en dire davantage.

Les mœurs et l'esprit public n'étant comptés pour rien, il était encore naturel que le scandale de la dissolution des grandes communes, surpassât même celui qui y avait règné sous le régime Monarchique. Qu'importe à des gouvernants égoïstes, que l'audace et le grand nombre des filles publiques multiplient la tentation et la

---

rien de ce qui peut le restreindre ne doit s'omettre. Quant à l'aspect politique, dans un moment où la rareté du numéraire tue les arts utiles, je demande s'il est indifférent de leur enlever un capital proportionnel à 140,000 francs de redévance par mois, qui en supposent autant pour les fermiers, sans compter les frais lourds à prélever sur la masse. Voilà au moins 300,000 francs paralysés par mois, au détriment de l'intérêt national, et de l'honnêteté publique. ——Une grande partie de cet argent rentre en circulation! —— Oui, par des voies immorales ou frivoles. —— C'est un impôt indirect pour le gouvernement ! —— Je répondrai plus bas à cette vue étroite.

punition du libertinage ? C'est la taxe qu'elles payent qui intéresse ces hommes cupides. La prépondérance est encore ici pour l'arithmétique. (1).

J'ai voulu tracer les principaux traits de l'immoralité singulièrement accrue sous le dernier directoire ; j'attribue à cette cause le dépérissement interne de la république, et j'en trouve l'origine dans la cupidité corruptrice , dans l'esprit de vénalité , qui , du gouvernement, a réjailli sur toutes les parties de l'état ; car , si l'éducation constitue presque la complexion morale et physique des individus , il en faut dire autant des institutions et du gouvernement qui sont l'éducation des peuples.

Qu'a-t'on fait pour celle du Français républicain ? La réponse est effrayante, et présente une tâche aussi difficile qu'honorable à remplir pour les deux puissances

---

(1) Comment remédier aux crises urgentes, et subvenir aux besoins de l'état ?

Par tous autres moyens que ceux qui vont contre les mœurs, et par conséquent contre le principe d'une bonne république.

Adapter à cette sorte de gouvernement des combinaisons et des mesures monarchiques , voilà une erreur où l'on est tombé fréquemment parmi nous.

qui président à notre organisation politique. Déjà elles marchent vers ce but : elles
y arriveront , j'espère , mais non sans une
grande réforme , une vraie régénération
morale.

Opposons par-là un bouclier impénétra-
ble à toutes les coalitions présentes et futu-
res ; et, puisse bientôt l'étranger ne plus
dire, en contemplant la France, ce que disait
Jugurtha , regardant Rome corrompue :
« O république vénale, tu périras bientôt,
» si nous sommes assez riches pour t'a-
» cheter ! »

CHAPITRE V.

Dilapidation de la fortune publique.

Tous les journaux , tous les écrits pé-
riodiques retentissent des noms de ces
êtres vils et coupables qui se sont impu-
demment gorgés d'or et de rapines. Je ne
souillerai point ma plume en les retraçant
ici.

Ils sont déjà signalés à l'opinion publique , une vengeance éclatante quoique
tardive

tardive en fera sûrement justice. Alors, si l'historien est obligé de rappeller ces noms à la postérité, il les accolera du moins aux supplices par lesquels ils auront expié leurs forfaits ; mais le philosophe doit vouer, dès-à-présent, leurs personnes au plus profond oubli, pour ne s'occuper que de leurs crimes.

A la tête de ces grands criminels, doivent nécessairement figurer les gouvernants de l'an VI. Quand ils seraient sortis de leurs fonctions, aussi pauvres qu'ils y étaient entrés, (ce qu'ils persuaderont à peu de personnes,) ils n'en devraient pas moins être regardés comme la cause première de toutes les malversations commises sous leur directorat, puisqu'ils ont mis et conservé en place les dilapidateurs les plus effrénés, et les ont ouvertement protégés.

Qu'ils nous disent donc, ces gouvernants si probes, si désintéressés, qu'ils nous disent s'ils ne sont pas comptables au peuple français des innombrables brigandages dont leurs agens au-dedans comme au-dehors, se sont si honteusement souillés !

Qu'ils nous disent comment au dedans se sont fondus dans leurs mains, ces revenus de l'état, ces contributions qui se sont élevés à un milliard quatre cents millions , pendant les deux années de leur gouvernement, quand il est constant que les rentiers , ces créanciers si légitimes de l'état, et si intéressants par de longs malheurs, n'ont point été payés, conformément à la loi , du tiers qu'elle leur accorde ; quand il est constant que ces infortunés essuient dans leurs paiements des lenteurs aussi préjudiciables pour eux , que profitables aux dépositaires de leurs deniers ; quand il est constant enfin que, sous le dernier directoire, à l'exception des dépenses de la marine qui ont été payées avec exactitude, celles de la guerre se sont trouvées réduites à plus de moitié moins , par le séjour et l'entretien en pays étranger de trois corps d'armée qui ne coûtaient rien à la république (1)!

Qu'ils nous disent ces gouvernants économes et intelligents , quel usage ils ont fait des deniers qui étaient pris annuellement sur la masse des contributions publiques , pour l'entretien des ponts et chaussées , et qui, depuis un an , époque

______

(1) Quand je parle de la réduction des dépenses de la guerre en général , on sent bien que je n'y comprends pas les cent-quatre-vingt millions qu'a enlevés l'expédition d'Egyte.

de l'établissement des droits de passe, ont augmenté la recette, pour faire face aux autres dépenses !

. Qu'ils nous disent quel usage ils ont fait des salaires des fonctionnaires publics à la charge actuelle des départements, comme dépenses locales, et qui étaient auparavant prélevés sur les recettes de la tresorerie nationale !

Qu'ils nous disent comment au-dehors se sont dissipées ces vastes ressources de la riche Italie, ces ressources qui, aménagées par des têtes prévoyantes et des mains fidelles, eussent fait un fonds extraordinaire de deux années de produit des contributions nouvelles de la France, avec lequel elle eût pu soutenir encore une guerre d'un lustre, sans surcharger les citoyens de son territoire !

Qu'ils nous disent enfin, ces audacieux envahisseurs, ce que sont devenus les trésors de Turin, de Rome, de Naples, de Caserte ; ce que sont devenues les réquisitions des commissaires du directoire, les impositions dont ils ont écrasé toutes les contrées conquises ; ce que sont devenues les taxes levées par leurs agents subalternes, qui, à l'exemple des Verrès directoriaux, pressurant et foulant les bourgs, les hameaux, les campagnes,

D 2

ont fait si judicieusement comparer leur passage en Italie, à celui *d'une armée de sauterelles* !

Les ex-triumvirs nous répondront peut-être par les phrases bannales de leurs messages, par leurs grands mots de *déficit* et de *lenteur dans les recouvrements*.

Hommes de mauvaise foi ! vous osiez parler de *déficit* ! et qui avait plus que vous et vos agents creusé, d'une main criminelle, ce gouffre des fortunes publique et particulières ? Vous aviez l'audace de parler de *déficit* ! et où existent les déclarations publiques que vous avez dû faire en corps, ou individuellement, sur cet affreux état de nos finances ? Où sont les comptes de votre intègre contrôleur-général fixant avec franchise et loyauté la quotité de ce déficit, à l'époque de son avènement au ministère ? Où sont les pièces justificatives qui devaient accompagner ces déclarations et ces comptes ?

Aucune déclaration n'existe, et si de temps à autre, quelques comptes informes ont été produits, ce n'étaient que des contes fabuleux et dans lesquels les créanciers de l'état, loin de trouver la moindre consolation, n'appercevaient au contraire,

qu'un sujet continuel de deuil et de gé-
missements.

Un mois pourtant ne s'est pas écoulé
sous votre gouvernement oppresseur, sans
que vous ayez adressé au corps législatif,
un message sur la malheureuse situation
des finances de la république, sur le dénuement de la trésorerie nationale ; vous
demandiez toujours de nouveaux fonds ;
vous donniez de nouveaux projets d'impôts ; vous les portiez en perspective
à des sommes considérables ; six mois
après, vous veniez vous accuser d'inexac-
titude dans vos calculs, ce n'étaient plus
que des apperçus, et les impôts qui, dans
votre premier projet, devaient être énor-
mément productifs, n'avaient rien, ou
presque rien rendu ; quelquefois même
ils avaient plus coûté en frais d'établissement, qu'ils n'avaient rapporté au trésor public !

Voilà pendant tout le cours de votre ges-
tion dilapidatrice, le seul système financier
que vous ayez constamment suivi, et que
l'on peut regarder comme la funeste tactique des plus vils brigands, qui depuis bien
des siècles aient régi les destins d'un état !

Mais disiez-vous aussi dans vos messages, la lenteur dans les recouvremens de
toutes les contributions était une cause de

la gêne et des embarras des finances : rien ou presque rien n'avait été payé sur telle contribution ; tels et tels départements avaient seuls acquitté telle autre ; enfin tous vos messages étaient remplis de plaintes sur l'apathie des contribuables et sur leurs lenteurs à s'acquitter de la dette sacrée qui leur est imposée , en retour de la protection que la société leur accorde.

Et à qui appartenait-il de stimuler les contribuables ? A qui appartenait - il de faire exécuter toutes les loix sur les contributions ? si non à ceux qui par la constitution , sont les agents de l'autorité exécutive ; si non à vous, directeurs de l'an VI et de l'an VII, qui vous êtes faits gouvernans pendant ces deux années , et qui , certes , aviez alors en vos mains tous les moyens de faire exécuter les loix , puisque vous vous étiez arrogé le droit arbitraire d'en commander !

Ainsi , vos propres messages étaient des actes d'accusation contre vous ; ainsi, vous étiez coupables , d'après vos aveux , de la plus impardonnable négligence ; mais non, vous ne l'étiez pas de ce crime. Il n'est pas vrai que vous n'ayez pas provoqué de tout votre pouvoir, le payement de toutes les espèces de contributions; il n'est pas vrai que les contribuables, pressés quelque fois par les moyens les plus barbares, ayent payé avec lenteur ce qu'ils devaient au trésor public; il n'est pas vrai enfin que le payement des contributions ait été arriéré, comme l'avancent dans leurs messages les gouvernans de l'an VI.

Mais il est très-vrai et très-reconnu de tous les propriétaires fonciers que les deux contributions directes, foncière et mobiliaire, sont payées depuis un an à l'avance et de mois en mois, tandis qu'avant l'an VI elles n'étaient exigibles que par sémestre, quand il était échu.

Il est très-vrai que toutes les impositions indirectes, telles que l'énorme contribution du timbre et de l'enregistrement, celles des postes, des droits de passe, des douanes, se payent comptant et tous les jours, sans aucun délai.

Les autres revenus publics tels que les poudres, les droits de patente, ceux sur les voitures publiques peuvent essuyer quelques retards ; mais ils ne sont jamais aussi longs que voulaient le faire entendre les faiseurs de messages ; d'ailleurs cette branche de recette est la moins considérable, et l'arriéré dans cette partie du service ne pouvait jamais enfanter un déficit affreux ou le dénuement total du trésor public.

Gouvernants de l'an VI ! vous vous êtes donc menti à vous-mêmes, vous avez menti au corps législatif, vous avez menti sur-tout à tous les contribuables de la république, quand vous avez assigné la lenteur dans les recouvrements comme la cause d'un déficit dont vos dilapidations personnelles, ou celles de vos agents, ont seules accru la profondeur.

Si vous aviez encore un reste de franchise, vous nous diriez par quels moyens vous êtes parvenus, vous et vos agents, à créer ce déficit éternel qui s'accroissait de mois en mois sous votre plume audacieusement mensongère; vous nous indiqueriez la mesure large que vous avez adoptée pour exécuter un projet si favorable à vos intérêts ; vous nous dévoileriez avec ingénuité ce systême de vente à l'avance de toutes les contributions publiques; systême inoui avant vous dans les annales des plus hardis dilapidateurs, systême par lequel vous vendiez à huis-clos, à des compagnies d'agioteurs se disant fournisseurs, la recette de l'enregistrement, du timbre, et enfin toutes les branches du revenu public, pour de prétendues fournitures qu'ils disaient avoir faites, mais dont le prix réel était le quart comptant au plus de chaque contribution qui ne devait écheoir que dans six mois, peut-être même un an.

Tel est le plan de finance adopté par les gouvernants de l'an VI , et qui les a mis bien au-dessus de l'abbé Terrai dans l'art subtil d'écraser le peuple d'impôts , de le torturer dans tous les sens, pour lui ravir le fruit de ses sueurs et en nourrir une armée de vampires; ce qui fit dire à Lucien Buonaparte , dans son rapport sur leur dernier message où ils demandaient de *l'argent* et toujours de *l'argent*, même la veille de leur démission , que quand , chaque année de leur administration , le corps législatif leur eût voté cent millions de plus, ils eussent toujours parlé d'un *déficit*.

Leurs agents dans les conseils , (car ils en avaient jusque-là,) ne nous ont pas révélé tous ces mystères d'iniquité , dans leurs fallacieux écrits sur la restauration des finances et le rétablissement du crédit public ; ils ne nous ont pas dit que pendant les deux années de leur directorat ils ont dilapidé quatorze cents millions de contributions et de revenus de la France, et quinze cents millions au moins dans la Suisse , le Piémont et l'Italie ; ils ne nous ont pas dit que le résultat de tous ces brigandages a été le dénuement absolu de toutes les armées, dont les soldats manquent de pain, de souliers, d'habits, et même de fusils ; que ce résultat a été la réduction de deux armées de quatre cents mille hommes au moins, à quatre-vingt mille au plus, tandis que la paie des absents se percevait par les gouvernants de l'an VI et leurs innombrables agents.

Voilà des secrets que leurs apologistes se sont bien gardés de révéler aux Français opprimés et jugulés. Il leur importait bien plus de donner au peuple des conseils de *patience, de sagesse et de résignation,* pourvu toutefois qu'il satisfît aux besoins des gouvernants, par le paiement exact des nouveaux impôts. Car, sur leurs lèvres, comme dans leurs écrits, *l'argent* était toujours le mot qui se trouvait au bout de leurs langues ou de leurs plumes.

J'ai soulevé tous les voiles qui couvraient leur dévorante cupidité ; je vais maintenant déchirer d'une main hardie ceux qui cachent encore à bien des yeux leur désastreuse impéritie.

CHAPITRE VI.

Impéritie des Gouvernants de la France, dans ses rapports avec les nations étrangères.

LES rapports de nation à nation ont une origine commune avec ceux d'individu à individu ; sûreté et propriété sont leurs bases mutuelles.

Un peuple est attaqué dans ses membres, ou dans ses propriétés : ses gouvernants, de quelque titre qu'ils soient revêtus par la constitution ou les loix, doivent, en cas d'attaque, repousser la force par la force ; de là, l'établissement, et la direction d'armées suffisantes pour le protéger et le défendre. Mais ils ne doivent pas non plus négliger les grands moyens que leur offre la profonde connaissance des relations politiques qui lient leur patrie et ses ennemis aux différents peuples qui les avoisinent mutuellement. C'est parce qu'on a trop dédaigné la science diplomatique, qu'on lui a fait prendre des routes obliques et tortueuses, et qu'on l'a avilie par les épithètes les plus

infamantes, qu'on a vu la France tour-à-
tour royale et républicaine, jouet continuel de tous les cabinets de l'Europe,
entraînée par leur perfides suggestions sur
les bords du gouffre prêt à l'engloutir.

Ici, se présente une question de droit
public, délicate, difficile, et sur laquelle
des opinions opposées ont divisé les plus
grands publicistes : celle de savoir si la
diplomatie n'est pas éversive du gouvernement républicain.

Cette question, comme tant d'autres,
n'en serait plus une, si l'on s'entendait
franchement sur les termes qui la composent. Certes, si l'on peut concevoir
l'existence d'une république tellement isolée des autres nations, qu'elle ne puisse
jamais être attaquée dans la personne
d'aucun de ses membres, ni dans aucune
de ses propriétés, il est indubitable que
des alliances imprudemment contractées
avec des peuples éloignés, hâteraient la
chûte de son gouvernement. Dans une
position aussi fortunée, l'art de se faire
ignorer des nations étrangères, serait
celui de faire des heureux dans l'intérieur; au lieu que l'art de se faire con-
naître, serait celui de tromper les hommes
en les faisant s'entr'égorger.

Mais cette république isolée n'existe

nulle part et ne peut exister ; elle n'est qu'idéale. L'Arabe dans ses déserts, le Sauvage dans ses forêts, le Tartare dans ses montagnes, vivants en hordes indépendantes, sentent le besoin de s'unir entre eux pour combattre l'ennemi commun ; ils s'allient même quelquefois aux peuples civilisés qui les environnent. Ainsi, les premiers éléments de la diplomatie se retrouvent chez des hommes que leurs usages, leurs mœurs, leur vie errante et vagabonde, et sur-tout leur éloignement des autres sociétés, feraient si judicieusement soupçonner d'en être tout-à-fait dépourvus.

J'abandonne une hypothèse chimérique pour raisonner d'après les faits, et tâcher de trouver la vérité : jai avancé plus haut que les nations ont respectivement entre elles les mêmes droits à défendre, que les individus. Si des lois lient ceux-ci, des conventions ou traités obligent celles-là. La désobéissance aux lois est vengée par des peines et des supplices ; l'infraction aux traités entraîne la guerre, le plus horrible des fléaux ; de-là, la nécessité la plus impérieuse pour tous les gouvernements d'approfondir la science du droit public.

Par quel abus de l'art de raisonner,

voudrait-on priver les républiques seules
de ce moyen si puissant de conservation
au-dedans , de protection et de défense
au-dehors ? Des républicains , dit - on
austères avec rigidité , vertueux par besoin, francs par caractère , ne pourront
jamais se plier aux bassesses des cours ,
se traîner dans les sentiers tortueux de
la fraude et de l'injustice ; jamais ils ne
pourront emprunter la voix du mensonge
ou de la flaterie , pour obtenir des gouvernements étrangers, un avantage à leur
patrie.

Et qui leur dit d'acheter à ce prix des
alliances ou même la paix ? Quelque
précieux que soient de semblables biens,
ils ne doivent jamais être souillés par la
corruption ; son soufle les ternirait , et
leur pureté doit toujours être sans tache.

Mais ne peut-on négocier que d'une
manière vénale ou fausse avec des gouvernements corrompus ? c'est ce que je
nie. Il est, il est encore des hommes qui,
semblables à l'envoyé des Scythes, peuvent , auprès de nos modernes Alexan-
dres, stipuler avec une franchise victorieuse, les intérêts de la république qui
les envoie. Ceux - là ne signeraient pas
l'acte de sa destruction ; mais par la mâle
énergie de leurs discours , par des traités

dictés par l'intérêt commun , écrits par la vérité , exécutés par la bonne foi , ces *ambassadeurs-Scythes* arracheraient leur patrie aux aigles qui la menaçent.

Si les gouvernants de la France eussent confié à de pareils hommes ses destinées extérieures , l'affreuse coalition n'existerait pas , ou serait anéantie. Des hommes semblables eussent déjoué toutes les intrigues qui ont présidé à la naissance de ce monstre politique ; ils eussent présenté aux différents cabinets , les malheurs d'une alliance aussi bisarre , l'improbabilité de ses succès durables , l'affreuse dépense d'hommes et d'argent pour cette entreprise qu'aucun avantage ne pouvait compenser ; et dans l'hypothèse où les gouvernements ennemis eussent été sourds à la voix de la raison , alors une contre-alliance de la république française avec les puissances neutres et amies , formée avec sagesse , mûrie avec réflexion , eût fait expirer dans une heureuse impuissance , les efforts de la ligue ennemie ou l'eût anéantie par la terreur et les succès certains de ses armes.

Au lieu d'adopter un plan aussi simple, un systême aussi salutaire, qu'ont fait les ineptes triumvirs ?

Ce qu'ils ont fait ? ils ont envoyé un ambassadeur à Vienne, non pour y sceller une paix que l'empereur ne voulait pas, mais pour y être insulté par la populace de sa capitale. Ils n'ont pas, à la manière des Romains, déclaré la guerre pour venger l'honneur d'un peuple libre, outragé dans la personne de son envoyé ; mais ils ont bassement délégué un négociateur à Seltz, pour demander une réparation qui n'a jamais été donnée.

Et cette jonglerie a pu un instant abuser les français !

Ce qu'ils ont fait ? ils ont, au premier bruit d'une coalition formidable organisée contre la république, fait démentir cette nouvelle dans leurs journaux officiels qui la traitaient de vision puérile !

Ils ont, pendant les six mois de l'annonce des préparatifs des Russes, ridiculisé cette nation barbare, mais guerrière, contre laquelle ils devaient bien plutôt organiser des armées que faire des épigrammes !

Ils ont, à l'arrivée des Russes sur le territoire autrichien, fait demander bien tardivement, par ceux qu'ils avaient su rendre leurs histrions à Rastadt (1), la

____

(1) Le mot d'*histrion* ne doit pas être appliqué au personnel des deux victime du forfait le plus exécra-

nouvelle

nouvelle oficielle de l'arrivée de ces nouveaux ennemis , au lieu de faire marcher
contre eux des soldats qui n'avaient pas
encore désappris la victoire ?

Ce qu'ils ont fait ? ils ont été , pendant
quinze mois , leurrés d'une paix qu'ils
pouvaient , avec Buonaparte et son in-
vincible armée , commander en six mois
à l'Europe continentale.

Ils ont , à une époque où les forces
militaires de la république étaient désor-
ganisées par le ministre le plus ignare ,
déclaré une guerre nécessitée depuis plus
d'une année.

Ils ont envoyé à la boucherie les restes
de nos phalanges républicaines , à peine
assez nombreuses pour se tenir sur une
respectable défensive (1).

---

ble qui ait jamais souillé les annales d'un peuple, ni
à celui de l'infortuné qui leur a survécu. Ce mot n'a
été suggéré que par le sentiment d'horreur qu'inspire la plate comédie qu'on a fait jouer pendant plus
d'un an , à nos envoyés. Il doit donc être renvoyé à
ceux qui ont été les seuls *directeurs* de cette farce
aussi ridicule que déplorable.

(1) Le brave et trop malheureux général de l'armée du Danube dont les républicains ne peuvent
prononcer le nom qu'avec attendrissement , a reçu
des ordres réitérés d'attaquer l'Archiduc , quoiqu'il

Ce qu'ils ont fait enfin? ils ont dégarni les places de guerre les plus importantes, rasé des forts inexpugnables, (1) fait évacuer les plus fortes citadelles, dénuées de toute espèce d'approvisionnemens, et livré ainsi à l'ennemi la république entière, en vendant ses fusils, ses armes et ses canons.

Ex-directeurs! voilà vos crimes : convenez que s'ils ne sont pas ceux de la trahison la plus infâme, il sont du moins ceux de l'ignorance la plus barbare.

Mais là, malheureusement pour la république, ne s'est pas arrêtée votre criminelle impéritie. La baie d'Aboukir déposera long-temps contre vous; la postérité jugera l'expédition d'Egypte; elle séparera de la sublimité de sa conception qui n'appartient point à vos génies étroits, le moment intempestif que vous avez choisi pour son exécution; elle dira avec l'impartialité qui la caractérise, qu'avant d'envoyer les héros français détruire des colonies lointaines, vous deviez

---

eût prévenu les triumvirs qu'il n'était pas en force pour prendre l'offensive. Mais les tyrans tonnèrent; il fallut obéir.

(1) Entr'autres le fort de la Brunette qui était la clef du Piémont.

assurer le sort de la république par un traité de paix définitif garanti par toutes les puissances neutres ou amies (1); elle dira sur - tout que cette expédition une fois arrêtée, vous deviez employer tous les moyens pour la faire réussir ; elle dira que, dans ces grands moyens , était l'envoi d'un ambassadeur à la Porte, pour prévenir toute rupture avec le Divan et écarter l'influence dont le machiavélisme anglais ne manquerait pas de profiter , à la nouvelle du débarquement de Buonaparte à Alexandrie ; elle dira que vous n'avez point envoyé cet ambassadeur ; que , nommé seulement six mois après le départ de Toulon , la nouvelle de la déclaration de guerre des Turcs contre la France , a arrêté son départ ; elle dira enfin cette postérité , juge éclairé et inflexible des grandes vertus et des

─────────────────────────

(1) Depuis la reprise des hostilités et sur-tout d'après la manière dont se fait la guerre entre les coalisés et la république , une paix solide qui rende le repos à l'Europe continentale , me paraît une chimère , si les puissances neutres et principalement le roi de Prusse ne garantissent pas l'exécution du traité. Sans cette caution , une paix éphémère pourra bien se conclure ; mais je ne donne pas trois ans pour que la guerre se rallume avec plus de fureur. Les motifs de cette prédiction sont puisés dans la nature des choses.

grands crimes , que, par votre funeste incapacité, vous avez tout fait pour engloutir sous les flots, les précieux restes d'une marine formidable , et que, par votre ignorante imprévoyance, vous avez tout fait pour enlever à la république, l'élite de ses armées et un grand nombre de ses savants les plus distingués.

Et si l'on vous demandait compte de vos négociations auprès des puissances neutres et amies, des efforts que vous avez dû faire pour détacher telle ou telle puissance , du système de neutralité, et la déterminer à faire cause commune avec la république; si l'on vous demandait compte des sacrifices que vous avez proposés pour un tel service, et des gages que vous avez dû donner de votre bonne foi; si l'on vous demandait compte des démarches que vous avez faites auprès de vos alliés pour vous assurer la continuation de leur amitié, la certitude de leurs secours et des garants de leur loyauté, que répondriez-vous ? Ah ! je craindrais bien que vos réponses ne surchargeassent encore la liste de vos crimes.

L'horison extérieur ne menace-t-il pas la république de voir, l'une après l'autre, se détacher de la neutralité ou de l'amitié les puissances qui la lui ont jurée, pour

aller grossir peut-être le noyau d'une épou-
vantable coalition? (1)

Puissent vos successeurs détourner de
semblables orages! Mais enfin s'ils venaient
accroître les dangers qui nous menacent,
ils seraient encore votre ouvrage, car il
fût un temps où vous pûtes les conjurer.

Olygarques de l'an VI et de l'an VII! piè-
tres écoliers en diplomatie, ainsi vous
avez régi les destinées de la république !
Mesquins dans vos plans, étroits dans vos
vues, nuls dans vos moyens, vous avez
administré la France comme un département.
ment. Vous vous êtes plus occupés des
nuances des opinions politiques de vos
commissaires ou des administrateurs, que
de faire une paix solide ou d'organiser la
victoire, par l'adoption d'un systême extérieur qui eût grossi le nombre de vos
alliés, et diminué celui de vos ennemis,
en vous faisant respecter même de ceux
qui voulaient vous combattre.

Vous êtes descendus enfin du faîte des
grandeurs pour lesquelles vous n'étiez pas
faits. Vous n'êtes plus. Mais vous n'êtes
pas morts pour l'opprobre, et sur l'urne

----

(1) Le départ précipité de l'ambassadeur de Suède
ne semble-t-il pas sinon confirmer, du moins justi-
fier de semblables craintes ?

funéraire de votre directorat , l'historien philosophe inscrira cette épitaphe qui vous est commune :

« Des hommes pervers , oppresseurs ,
» immoraux , dilapidateurs et ignares ré-
» girent pendant deux ans une grande
» république. On ne sait laquelle de leur
» perversité ou de leur tyrannie , de leur
» immoralité ou de leur ignorance , fut la
» plus désastreuse pour leur patrie.

« Français ! Souvenez-vous d'eux, comme
» on se souvient des Tibères , des Claudes ,
» des Nérons et des Caligula !

CONCLUSION.

Une domination oppressive, prévarica-trice et dilapidatrice au-dedans , impru-dente et maladroite au-dehors, par-tout funeste , voilà ce qu'a offert l'olygar-chie récente. C'est l'analyse simple des événemens.

On a vu que des pouvoirs extraordinaires nécessités par les événemens du 18 fruc-tidor ont produit cette olygarchie , parce qu'ils ont été confiés à des mains qui n'en étaient pas dignes et qu'ils y ont été inu-tilement et imprudemment continués. Leçon mémorable pour l'avenir ! Il suit de là principalement que, dans nos dernières aberrations politiques, le despotisme ayant toujours prédominé, le moyen de prévenir des écarts semblables, est d'assurer désormais, par l'équilibre des deux pouvoirs, la stabilité de la démocratie ; c'est le principe de la révolution et la base de toute république véritable. (1)

On a vu que la persécution des patriotes et l'extinction presqu'absolue de l'esprit public, ont été les effets constans d'une dictature tyrannique. L'attention et les efforts du corps législatif et du gouvernement doivent donc se porter sur ces deux objets. On paraît les avoir en vue ; mais j'ajoute que l'on ne peut trop tôt, ni trop sérieusement s'en occuper. Il ne faut là ni exagération indiscrète, ni ménagemens timides. Point de composition

____

(1) Ainsi le Sénat Français a du reprendre et doit conserver ses droits, comme il a repris toute sa dignité par la réforme qu'il s'est imposée sur sa rétribution. Il est évident que ceux qui avaient pris à tâche d'avilir ce Sénat, afin de l'anéantir plus sûrement, ont usé envers lui de leur perfide influence pour le porter à un accroissement d'honoraires, contraste odieux avec la misère publique.

Plusieurs membres des deux conseils avaient protesté contre cette augmentation. Leurs noms renferment un titre durable à l'estime.

avéc le crime ; il faut paralyser la malveillance ; stimuler ou flétrir l'insouciance ;
rallier, par tous les moyens possibles, les
amis de la république, et former, de tous
les hommes plus ou moins intéressés à sa
conservation, un faisceau que ne puisse
rompre la coalition ennemie.

On a vu quel a été sous l'olygarchie le
degré de la corruption sociale. Non-seulement un régime républicain doit la faire
cesser, mais il doit la punir dans ceux qui
en ont recueilli les fruits pestilentiels.

L'agiotage et le jeu ayant le plus con-
tribué à la dépravation publique, les fortunes colossales qui sont nées d'une telle
source, doivent subir une expiation et
supporter des dédommagemens pour le
corps politique (1) : car si une justice dis-
tributive ne peut être ici appliquée, une
indemnité à recueillir par le fisc y doit
être substituée, d'autant mieux que les
victimes des deux fléaux dont je parle
sont également à blâmer et à plaindre.

On a vu que le système de malversation
qui, depuis deux ans sur-tout, préside
aux finances, a produit l'accroissement

---

(1) Violation de la propriété! criera-t-on. Quelle
propriété que celle des loups, des renards et des
vautours !

énorme et en même temps l'insuffisance des impôts et des taxes , le mécontentement des contribuables , la prospérité scandaleuse de tous les brigands brevetés dont s'est trop souvent entouré le directoire. Je ne pense pas que leur crédit survive à l'évidence de leurs forfaits. Mais j'espère en outre qu'une justice qui ne sera ni pusillanime , ni incomplette parce qu'elle sera républicaine , ordonnera et fera exécuter la salutaire mesure des restitutions (1). Par-là , peuvent être le plus promptement réparés le désordre et l'épuisement des finances. Par-là , et en proportion de la grandeur du châtiment , seront avertis ceux qui pourraient être tentés de marcher sur des traces si crimi-

---

(1) C'est une mine riche à ouvrir que celle des restitutions. L'égoïsme , la faiblesse et la partialité ne manqueront point d'objections spécieuses. La chambre ardente du temps de Louis XIV , odieuse dans son établissement et presque nulle dans ses résultats , les époques de terreur plus récentes , voilà les deux comparaisons qui s'offriront à la pensée.

Travaille-t-on pour un despote , sous l'influence des courtisans et des maîtresses ? Je me tairais s'il s'agissait d'un régime qui dût la rétablir. Quant à l'autre similitude , la repression du brigandage déride le front de l'honnête homme. Si l'intégrité recueille le produit des restitutions, il sera aussi abondant que profitable.

nelles. Par-là enfin , doivent être consolés et rassurés les citoyens à qui la patrie commandera de nouveaux sacrifices. Ils se verront vengés de l'inutilité de ceux qu'ils ont faits et ne craindront pas la récidive.

Publicistes à coffre-fort! Vous n'applaudirez point à ma doctrine. C'est que nous avons des sensations , une langue et des conceptions absolument étrangères et opposées les unes aux autres.

Moi, je ne conçois pas votre existence dans une république (1). Vous devez donc me trouver bien sauvage de caractère et prodigieusement absurde dans mes idées. Vous crierez haro sur mon extravagance ; vous invoquerez l'intérêt de la banque et du commerce (2). Ce sont de

---

(1) Il est plus difficile au riche d'entrer dans le royaume des cieux , qu'à un chameau de passer par le trou d'une aiguille. Substituez la république au royaume des cieux et vous aurez utilisé une sentence de l'évangile. J'entends ceci particulièrement des capitalistes thésaurisans. Ils sont essentiellement paralyseurs et parasites.

(2) *Sucs nourriciers d'un état, ressources précieuses dans les crises publiques*, voilà les périphrases vulgaires. Quelle en est l'application dans le cours de la révolution française ? En temps calme , la cupidité la plus âpre ; dans l'orage , le tribut de la peur ; en tout temps , l'égoïsme ; voilà le résidu de la finance.

grands mots. Je ne connais point d'état républicain qui se soit défendu contre l'ennemi, à l'aide d'un tel palladium. Je citerais, au contraire, des états dont l'esprit mercantile et financier a précipité la chûte. Nous ne pouvons point nous entendre ; ceux dont la vie et tous les intérêts sont liés à l'existence de la république française, prononceront entre vous et moi.

En dévastant le territoire de nos alliés, en provoquant une guerre imprudente, en se montrant aussi ambitieuse de conquérir qu'imprévoyante pour conserver, l'olygarchie à changé la situation de la France prête à dicter la paix de l'Europe, en une série de dangers et de revers qui l'ont réduite à craindre pour elle-même. Assurément on adoptera une marche contraire. Mais en ce moment le premier moyen de salut est la victoire. Elle nous fut long-temps fidelle. Le courage qui l'avait fixée, subsiste dans les armées françaises, et puisque l'on détruit les funestes entraves qui rendaient ce courage inutile, il est permis d'espérer de nouveaux triomphes.

Sera-t-il question de défendre nos frontières et nos propres foyers ? N'espérons plus alors que dans l'esprit et les hommes de 1792. Ces hommes sont aujourd'hui moins nombreux. Eh bien ! Trois cents Spartiates, en illustrant leur trépas aux Thermopyles, sauvèrent la liberté de la Grèce, contre d'innombrables armées de barbares ! Les Romains avaient-ils beaucoup de guerriers, lorsqu'après les défaites de Trasymène et de Trébie, lorsqu'après la sanglante déroute de Cannes, ils ne désespérèrent point du salut de la patrie ? Ne fût-ce pas depuis ce moment même, que Rome se r'ouvrit une carrière de victoires non interrompues ?

La force des nations, ainsi que celle des individus, consiste souvent dans leur volonté. Disons-nous bien à nous-mêmes: Est-il une plus grande calamité que l'ignominie de recevoir la loi d'étrangers et d'esclaves ?

Nous faut-il à son appui des leçons sur le royalisme ? Retraçons-nous une mémorable époque du règne de Charles VI, en France.

La capitale et plusieurs provinces avaient été soulevées par la tyrannie des oncles du despote, par des exactions énormes et un odieux arbitraire.

Paris sur-tout avait organisé et consolidé l'insurrection. Un gouvernement municipal s'y était établi ; des forces militaires le soutenaient, la cour et les oppresseurs avaient fui, il ne fallait plus que quelques dégrés d'audace et de lumières pour former une république.

Le despotisme, d'autre part, avait conservé des adhérents et des satellites. Il rassemble une armée, et après quelques avantages marche vers la capitale. Un succès décisif n'était rien moins qu'assuré au parti royaliste ; on pouvait encore le vaincre : on pouvait au moins lui disputer la victoire, mais on négocie. Puissant par l'influence sacerdotale, dans ce siècle superstitieux, l'évêque de Paris (1) ménage des deux côtés un accommodement. Un magistrat dont tous les siècles honoreront la mémoire avec celle du vertueux Lhôpital, Desmarets qui avait un grand crédit parmi les insurgés, adhère à des propositions de paix pour le peuple. Un traité se conclut, et le jeune Charles, en présence des grands, *jure, par le dieu de ses pères, l'oubli du passé. Il promet de faire aimer l'avenir ; il promet justice et bienveillance aux Parisiens.* Ceux-ci déposent les armes et ouvrent leurs portes. Les royalistes s'en saisissent, puis occu-

______

(1) Il n'avait point alors pour bâton pontifical, une *double croix ;* mais bien, sous la mître, *une double face.*

pent les ponts et les postes de l'intérieur. Le duc de Bourgogne, oncle du roi, parcourt la ville à la tête de ses hommes d'armes, arrête trois cents personnes qui avaient marqué dans l'insurrection, et en *fait pendre plusieurs à leurs fenêtres.* Douze des principaux et plus riches habitants de la capitale sont emprisonnés, *non qu'ils eussent pris aucune part aux soulèvements, mais seulement, parce qu'ils étaient* RESTÉS PENDANT L'INSUR-RECTION.

Le duc de Bourbon, autre oncle du roi, préside à des exécutions plus secrettes. Ses captifs sont trop nombreux pour qu'il en dispose au grand jour. Pendant la nuit il les fait enfermer dans *des sacs liés d'une corde, et jetter ainsi dans la Seine vers le couvent des Célestins* (1).

Le lendemain une estrade et plusieurs rangs de sièges sont dressés pour une *séance royale.* Suivi d'une nombreuse escorte, Charles s'assied au milieu de sa cour et de sa famille. Le chancelier se lève, et articulant quel doit être le châtiment d'une ville rebelle, il annonce la démolition des maisons de fond en comble, le

----

(1) Vérifier ces faits dans l'histoire de France et dans les chroniques du siècle.

bannissement et la dispersion de ses habi-
tans : il dit que le soc de la charrue doit
passer sur le sol qui portait ses édifices ;
puis il ajoute qu'une clémence extrême
modère pour cette fois des punitions mé-
ritées, et que le monarque se borne quant
à présent à révoquer toutes les élections,
nominations et concessions quelconques
faites durant la révolte ; il prononce l'abo-
lition de toutes charges et fonctions mu-
nicipales et de tout droit d'élection. Sa
conclusion est le *rétablissement des impôts et de tous les privilèges*

Dans cet intervalle, les gens de guerre
qui entendaient qu'on leur tînt parole,
avaient commencé le pillage de tous les
quartiers.

Les femmes et les filles des Parisiens
accourent échevelées et se jettent aux
pieds de Charles pour demander grâce.
Après avoir délibéré, il consent à convertir
la peine criminelle en peine civile. Chaque
famille est taxée à *la moitié de sa fortune,
pour les frais de la guerre.*

Achevons. Desmarets qui, dans le cours
de sa vie publique et privée, avait présenté
le beau caractère du juste et du sage :
Desmarets dont un seul acte d'imprudence
avait terni la carrière civique ; Desmarets
qui, par des vues de bienfaisance et par

confiance dans la foi royale qu'il jugeait d'après sa loyauté personnelle, avait consenti à la rentrée de Charles ; Desmarets est *condamné à perdre la vie sur un échafaud ; il est décapité avec les douze notables atteints du crime irrémissible de résidence à Paris durant la rébellion !*

Voilà des faits historiques, je n'invente point, je transcris. Appréciez maintenant les manifestes les plus paternels et les traités les plus saints du royalisme. Son esprit serait-il changé ? Où sont les garants de son langage ? (1)

Français ! et vous sur-tout Parisiens que

---

(1) Si l'on m'objecte que d'autres époques ont signalé la clémence des rois en France , si l'on me cite entr'autres l'entrée de Henry IV dans Paris , lors de la ligue , je répondrai qu'il n'avait point été question d'un changement de gouvernement , mais simplement d'un changement de maître.

Les deux seules époques qui , à ma connaissance, manifestèrent autrefois parmi les français quelque chose de républicain , fûrent l'insurrection contre Charles VI et la royauté , puis la guerre entre le parti protestant et le parti catholique. On sait que de cette lutte sortit la Saint-Barthélemi dont le souvenir est impérissable chez Clio comme chez Melpomène. Le cardinal de Richelieu porta les derniers coups aux projets républicains des calvinistes : rappellez-vous quels furent les moyens et le système de ce prince de l'église.

menace peut-être la rentrée d'un autre Charles VI , resterez-vous dans l'indifférence ou l'aveuglement?

Ah plutôt ! écrions-nous tous avec le premier des Brutus :

O Mars ! dieu des héros , de Rome et des batailles !
Qui combats avec nous , qui défends ces murailles ,
Sur ton autel sacré , Mars reçois nos sermens ,
Pour le sénat , pour *nous* , pour tes dignes enfans.
Si dans le sein de Rome , il se trouvait un traître ,
Qui regretât les rois , et qui voulût un maître ,
Que le perfide meure au milieu des tourmens !
Que sa cendre coupable , abandonnée aux vents ,
Ne laisse ici qu'un nom plus odieux encore ,
Que le nom des tyrans que Rome entière abhorre !

(VOLT. Trag. de Brutus.)

F I N.

P. S. Au moment où l'impression de cet écrit s'achève , quels sons funèbres frappent les oreilles des républicains ! Serions-nous déjà reportés avant le 30 prairial ?

De toutes parts on entend mettre en doute si on doit rapporter l'article XXXV de la loi du 19 fructidor qui donna aux olygarques de l'an VI la dictature sur la pensée ; on va plus loin, on montre déjà au conseil des anciens prêt à prononcer sur la résolution qui le révoque, on lui montre le royalisme et la calomnie aiguisant leurs poignards avec la liberté de la presse ; on lui fait peur de ces deux monstres, on lui insinue, d'une manière bénigne, de temporiser, d'ajourner, ou plutôt, de rejetter cette résolution, jusqu'à ce que le conseil des cinq cents lui en ait présenté une nouvelle sur les délits

de la presse... Barbares ! ajourner la liberté de penser et d'écrire !.... Et où sont les dangers imminents
qui pourraient excuser un semblable sacrilège ? Où
sont les volcans intérieurs sur lesquels nous mar-
chons ? Ah ! s'ils existent, comme nous n'en pouvons douter depuis deux ans que la plus vile tyrannie pèse sur nos têtes, la liberté de la presse ne nous
les découvrira-t-elle pas ? Et en nous en montrant
toutes les causes, ne nous indiquera-t-elle pas les
moyens d'échapper à tous les dangers, et même de
les prévenir, s'ils pouvaient jamais renaître ?

Cessez donc de présenter, comme causes de trou-
bles et de dissentions, l'exercice d'un droit qui doit
nécessairement y mettre un terme.

Mais, dites-vous, la liberté de la presse est une
arme à deux tranchants : elle peut faire beaucoup
de bien et beaucoup de mal ?

Et la langue aussi n'a-t-elle pas ce double privilège ? Dira-t-on pour cela, qu'il y a des circonstances où il est nécessaire de faire une loi qui nous
rende momentanément muets ? Le souris du mépris
fait seul justice d'une proposition aussi délirante; il
en est de même de celle de l'abrogation de la liberté
de la presse. Si nos oreilles peuvent entendre tout ce
qui se dit de plus déraisonnable, de plus absurde et
de plus dangereux, pour le fixer dans notre mémoire, on ne saurait ravir ce droit à nos yeux par-
courans les mêmes idées imprimées sur le papier,
pour les graver dans notre souvenir ; en un mot, la
pensée parlée ne saurait avoir raisonnablement un
privilège exclusif sur la pensée écrite, ce serait établir une espèce de guerre civile entre nos sens, ce
serait mettre nos yeux en insurrection contre nos
oreilles; ce serait le comble de l'extravagance....

La liberté de la presse n'est pas le seul droit qui,
depuis quelques jours, soit en butte aux déclama-

tions de ces réacteurs méprisables, toujours prêts à profiter de tous les mouvements révolutionnaires, pour museler le peuple, aigrir les citoyens contre les citoyens, et ensanglanter leur patrie malheureuse.

Le droit sacré de se réunir en société politique est aussi attaqué : de toutes parts on crie *à l'anarchie*, parce qu'on use de ce droit constitutionnel. Et n'est-ce pas vous qui êtes des *anarchistes*, vous qui déchirez si audacieusement le feuillet de la constitution de l'an III où est inscrit ce droit imprescriptible ? Ne faites-vous pas entendre aux législateurs français qu'ils doivent encore en suspendre l'exercice qui n'effraie sans doute que les fripons et les brigands de toutes les couleurs ?

Sénateurs affranchis le 29 prairial ! vous vous garderez sans doute de rentrer sous la tutelle d'un directoire oppresseur ! Vous vous souviendrez de l'état d'avilissement auquel des hommes qui se sont dit vos *gouvernans*, vous ont ravalé pendant près de deux ans ; vous respecterez les droits du peuple que la constitution de l'an III lui garantit ; vous ferez plus, vous rendrez des loix sages qui lui assurent l'exercice de ces droits, et vous ferez des proclamations qui l'engagent à en user, en lui mettant sous les yeux les *devoirs* qui en sont la conséquence.

Et vous, Directeurs régénérés, vous ne perdrez jamais de vue que vous êtes les simples agents du pouvoir le plus terrible qui puisse être confié à des magistrats chez un peuple libre ; vous frémirez d'effroi, toutes les fois que vous serez tentés de lui donner l'extension la plus légère ; vous aurez toujours sous les yeux les catastrophes dont les envahisseurs de toute autorité arbitraire ont été constamment victimes dans le cours de la révolution ; vous ferez exécuter strictement toutes les loix ; sur-tout vous les ferez aimer en recommandant à tous vos agents de se dépouiller des formes hautaines et repoussantes qui ne conviennent qu'à une monarchie ; vous vous garderez de prendre sur les opinions des deux conseils une initiative que la constitution ne vous a pas donnée, et que vos prédécesseurs ont eu la coupable adresse d'usurper quelquefois, en envoyant, pendant qu'on s'occupait d'une loi, un message qui maîtrisait par la peur, et selon leurs desirs, les délibérations du corps législatif. Enfin, vous vous ferez craindre au dehors en réorganisant la victoire qui nous fût un moment infidèle ; dans l'intérieur, vous vous concilierez le respect par la justice également distribuée à tous les citoyens de la république ; et vous aurez une place dans tous les cœurs des pères de famille et des républicains, si, au nom des loix existantes, vous proscrivez dans Paris et dans les grandes communes de la France, ces assemblées de jeu, affreux repaires de fripons et de dupes, véritables coupe-gorges que je vous dénonce comme protégés *encore* par vos agents, et leur rapportant des sommes exorbitantes. (1)

---

(1) L'arrêté du bureau central sur les maisons de jeu, placardé avec tant de profusion dans Paris, à la fin du mois dernier, avait fait espérer que l'on s'occupait sérieusement de la régénération des mœurs, puisque l'on frappait le mal dans sa racine... Quelques jours seulement, les brigands étourdis, ont suspendu le cours de leurs friponneries. Depuis peu leurs cavernes sont rouvertes, et ils s'y livrent impunément à tous leurs brigandages. O Lycurgue! Lycurgue! t'aurons-nous en vain invoqué? et serons-nous obligés de graver sur le palais des Ephores français, cette inscription qui leur rappèle leurs devoirs?

ILS PRÉTENDENT GOUVERNER, ET ILS VIVENT DES PRODUITS DE L'IMMORALITÉ PUBLIQUE !....

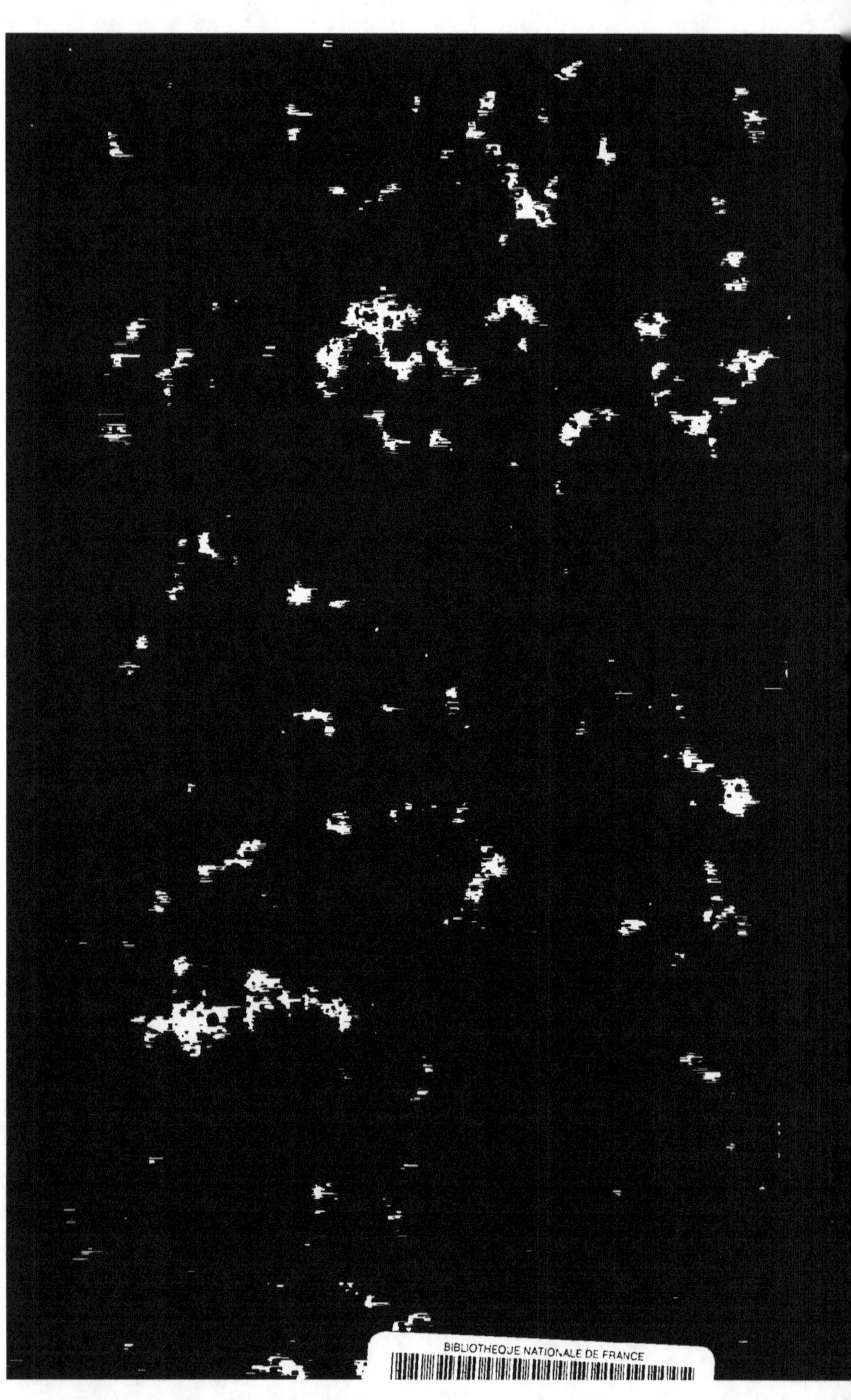